Ian Bostridge

Das Lied & das Ich

Ian Bostridge

Das Lied & das Ich

Betrachtungen eines Sängers über Musik, Performance und Identität

Aus dem Englischen übersetzt
von Annabel Zettel

C.H.Beck

Die Randy L. and Melvin R. Berlin Family Lectures

Die englische Originalausgabe ist 2023 unter dem Titel
«Song and Self. A Singer's Reflections on Music and Performance»
bei University of Chicago Press erschienen.

www.chbeck.de
Umschlaggestaltung: Rothfos & Gabler, Hamburg
Satz: Fotosatz Amann, Memmingen
Druck und Bindung: Pustet, Regensburg
Printed in Germany
ISBN 978 3 406 80866 1

myclimate

klimaneutral produziert
www.chbeck.de/nachhaltig

Für Lucasta, il miglior fabbro

«Ich schlüpfte also in die Doppelrolle
Und rief, und hörte rufen: «Was! *Sie* hier?»
T. S. Eliot, «Little Gidding»[1]

«Stattdessen gehe ich davon aus, dass Identitäten niemals einheitlich sind. In der Spätmoderne erscheinen sie zunehmend fragmentiert und zerstreut, jedoch niemals eindeutig. Identitäten sind konstruiert aus unterschiedlichen, ineinandergreifenden, auch antagonistischen Diskursen, Praktiken und Positionen. Sie sind Gegenstand einer radikalen Historisierung und beständig im Prozess der Veränderung und Transformation begriffen. (…) Identitäten sind daher innerhalb und nicht außerhalb von Repräsentation konstituiert.»
Stuart Hall, «Wer braucht ‹Identität›?»[2]

Inhalt

9 **Vorwort**

1
19 **Verschwimmende Identitäten**
Geschlechter auf der Bühne

2
53 **Verborgene Geschichten**
Ventriloquismus und Identität
in Ravels *Chansons Madécasses*

3
91 **«These fragments I have shored against my ruins»**
Meditationen über den Tod

127 Dank
128 Anmerkungen
138 Bildnachweis
139 Personenregister

Vorwort

Diese Essays entstanden ursprünglich als Vorlesungen, die Berlin Family Lectures an der University of Chicago, und ich möchte zunächst der Familie Berlin und der University of Chicago für diese Einladung danken. Sie war eine wertvolle Gelegenheit nachzudenken. Als Sänger hatte ich 2020 und 2021 aufgrund der Pandemie kaum Gelegenheit, live aufzutreten. Daher war ich, wie alle Künstler weltweit, gezwungen, eine Identität, ein Selbst, in Frage zu stellen, das in den vergangenen 20 oder 30 Jahren dadurch definiert war, auf der Bühne zu stehen und dem Publikum in Konzertsälen und Opernhäusern Musik unmittelbar physisch und in Echtzeit nahezubringen.

Meine Karriere war insofern ungewöhnlich, als ich vor meiner professionellen Laufbahn als Sänger, die erst mit Ende 20 begann, akademischer Historiker war. Die erzwungene Stille des vergangenen Jahres gab mir die Möglichkeit, mich wieder auf meine Identität als Historiker zu besinnen und nachzudenken. So konnte ich mich intensiver, als ich es sonst getan hätte, mit den Hintergründen einiger der großartigsten Werke klassischer Musik befassen, die ich in der Vergangenheit interpretiert habe oder gerne noch interpretieren möchte, von Komponisten, angefangen bei der italienischen Renaissance mit Claudio Monteverdi bis hin zu Benjamin Britten im England des 20. Jahrhunderts.

In diesen Essays werde ich mich auf eine Reise unter die Oberfläche jener Werke wagen, um meine Funde zu teilen und Fragen zu stellen, die im Konzertsaal für gewöhnlich nicht gestellt werden. Die Tradition der westlichen klassischen Musik ist keineswegs dem Untergang geweiht oder kulturell autoritär, sondern weiterhin lebendig, da sie uns immer wieder dazu einlädt, Fragen zu stellen. Die einzelnen musikalischen Werke, die ich erkunden möchte, erweisen sich als fluide und offen, bewirken aber zugleich, dass wir uns emotional mit den Konflikten und Widersprüchen menschlicher Erfahrung auseinandersetzen, einschließlich genderspezifischer oder kolonialer Machtverhältnisse und der Art und Weise, wie wir der ultimativen Auflösung von Identität, dem Tod, begegnen – ein Aspekt, der während der seit über einem Jahr andauernden globalen Pandemie gedanklich in den Vordergrund gerückt ist. Im besten Falle verkörpert Musik mit seltsamer Kraft das, was der Dichter John Keats «Negative Capability» («negative Fähigkeit») nannte, die kreative Fähigkeit, mit Zweifeln und Mysterien zu leben. Sie bringt uns zum Nachdenken und trägt uns zugleich über das Denken hinaus.

Die Frage (und Hinterfragung) der Identität ist der Ausgangspunkt dieser Essays, aber sie bleiben doch immer noch Essays: provisorisch, experimentell, suggestiv. Sie legen keine These dar; sie haben keine Agenda. In ihren Gedankengängen streben sie danach, Komplexität ans Licht zu bringen oder hervorzuheben, Textur hinzuzufügen, zu problematisieren. Da ich mich instinktiv auf meine Praxis als Interpret berufe, widme ich mich diesen Themen nicht als Philosoph oder Sozialtheoretiker, sondern aus dem Gefühl heraus, dass sich persönliche Identität aus einer Begegnung des Selbst mit dem, was außerhalb des Selbst liegt, bildet: dass sie sowohl kulturell konstruiert als auch durch intuitive Subjektivität geformt wird. Wenn Identität zum Teil performativ ist, dann sollen diese Essays wiederum eine Performance mit offenem Ausgang bieten, in der ich den Leser – das Publikum – dazu einlade, auf die verschiedenen Stränge, Themen und Variationen zu reagieren, wie sie es vielleicht auch bei einem Musikstück selbst tun würden.

Der erste Essay befasst sich damit, wie die Vokalwerke von Monteverdi, Schumann und Britten – keines direkt opernartig – die Geschlechtergrenzen verwischen können. Im zweiten Essay gehe ich den historischen und politischen Wurzeln eines einzelnen Liedes aus Ravels *Chansons Madécasses* (Madagassische Lieder) nach, das mich immer verfolgt und verunsichert hat. Ich hoffe, unsere Resonanz darauf intensivieren und schulen zu können, und möchte über Vergangenheit und Zukunft nachdenken, indem ich den unklaren, oft verstörenden Kontext des Liedes und die Art ergründe, wie es koloniale und «alterisierte» Identitäten, «verAnderte» («othered») Identitäten konstruiert und dekonstruiert. Im dritten Essay schließe ich mit dem Tod, weil er das Ende von allem ist; weil die Musik zum Tod spricht; und weil der Tod die Abwesenheit ist, in deren Angesicht jede menschliche Identität konstruiert ist.

𝄽

Bei jeder Aufführung ist Identität etwas, womit wir Interpreten uns auseinandersetzen müssen. Wir spielen eine Doppelrolle. Jedes Mal, wenn wir auf der Bühne stehen, um einen Text vorzutragen, ihn zu reproduzieren oder zu übermitteln, sei er musikalisch oder literarisch oder eine Kombination aus beidem, müssen wir (bewusst oder unbewusst) eine Entscheidung über den Charakter dieses Textes und die Haltung, die wir ihm gegenüber einnehmen, treffen. Wie sollen wir ihn, ganz buchstäblich, verkörpern? Übernehmen wir die Identität des Textes, den wir verinnerlicht haben, oder verändert sich der Text, indem er der Identität des Interpreten angepasst wird? Es gibt viele Herangehensweisen und viele Orthodoxien, die, manchmal unreflektiert, im Zentrum kritischer Diskurse stehen.

Zentral für die Wertschätzung der westlichen Kunstmusiktradition ist die Idee der «Interpretation», wobei Interpretation als ein teils schamanisches, teils wissenschaftliches Streben nach der «richtigen» Darbietung verstanden wird. Es handelt sich um eine seltsame Vorstellung, die wir allerdings nicht in exakt derselben Weise im Sprechtheater anwenden. Wenn ein großer Schauspieler oder eine große Schauspielerin Macbeth, Hedda Gabler oder Archie Rice «interpretiert», dann ist es ganz einfach seine beziehungsweise ihre Performance. Der Schauspieler nimmt den Text und geht damit um, und die Vorführung, die daraus entsteht, ist normalerweise keine Suche nach etwas Gesetzmäßigem oder Autoritativem. Der *Interpres* ist im Lateinischen ein Akteur zwischen zwei Parteien, ein Vermittler oder Verhandlungsführer. Eine Theateraufführung ist eine Verhandlung zwischen Text und Schauspielern.

In der klassischen Musik herrscht ein Paradox, da die ideale Interpretation im Grunde genommen eine Nicht-Interpretation ist. Lange Zeit gab es eine Tendenz, dem Text, in diesem Fall der Partitur, den Vorzug zu geben, eine Tendenz, die in der abstrakten Musik des 20. Jahrhunderts mit der Vorstellung, dass der Interpret im besten Fall ein transparentes Individuum ist, ihren Höhepunkt erreichte. Komponisten wie Strawinsky wollten die Freiheit des Vortragenden durch Genauigkeit in der Notation aufheben. Nicht umsonst experimentierte er in den 1920ern mit der mechanischen Notenrolle, um auf diese Weise der ärgerlichen Notwendigkeit der Vermittlung durch einen Interpreten zu entkommen.[1] Einem solchen Verständnis von Interpretation folgend, nutzt man den Text des Komponisten, um eine ideale Interpretation zu erspüren, die zwar unerreichbar bleibt, nichtsdestotrotz jedoch ein absolutes regulatorisches Prinzip und ein Ziel darstellt. Bei den Proben wird viel Zeit auf Diskussionen darüber verwandt, was der Komponist «meinte» (auch wenn das in der Praxis sehr oft ignoriert wird …). Die ultimative Ausdrucksform dieses Konzepts wurde durch den Theoretiker Heinrich Schenker (1868–1935) artikuliert. Im Grunde, so Schenker, benötige eine Komposition keine Aufführung um zu existieren … das Lesen einer Partitur genüge.[2] Darin liegt etwas zutiefst Theologisches, das zurückreicht bis zu den Debatten der Renaissance über Form und Substanz, aber für den Interpreten ist es sicherlich ein Schlag ins Gesicht.

Der klassische Sänger steht gewissermaßen zwischen diesen beiden Polen, und das ein wenig ungünstig. Für den Opernsänger stehen die Erfordernisse des Theaters und eine schauspielerische Attitüde weitgehend im Vordergrund. Ein Opernsänger ist ein Schauspieler. Im Konzertrepertoire und ganz besonders im Bereich des Liedes sind die Dinge verworrener, und es herrscht oft eine Forderung oder ein gefühltes Bedürfnis, die Dramatisierung zu vermeiden, eine sich selbst verleugnende Beschränkung im Dienste der Vorstellung einer uninterpretierten natürlichen Vortragsweise, die gleichsam mit Strawinskys Argwohn gegenüber der Expressivität in der klassischen Musik verbunden ist. Diese Idee einer natürlichen Interpretation ist gewiss ein Mythos – Kunst ist immer artifiziell –, aber die Debatte, wie man Lieder auf der Bühne singen soll, reicht zurück bis in Schuberts Zeit.

Glücklicherweise hat man durch eine neue performative Wende in der Musikwissenschaft anerkannt, dass Musik schlichtweg Aufführung und nicht nur der niedergeschriebene Text ist.[3] Musik ist eine durch und durch soziale Aktivität. Natürlich hat der Komponist in unserer hoch gebildeten klassischen Musiktradition einzigartige Kraft, Autorität und Charisma. Durch die Techniken musikalischer Komposition, vereint mit dem Genie der Komponisten, die sich ihrer bedienten und sie weiterentwickelten, entstand eine außergewöhnlich kraftvolle und beständige Tradition, von Monteverdi über Mozart und Beethoven bis hin zu Adès. Zugleich müssen Interpreten, ebenso wie Schauspieler, die Musik nehmen und mit ihr umgehen. Der Text, der uns vorliegt, kann nicht all die Parameter möglicher Interpretationen erschöpfend in sich tragen, und während der Text vielleicht der Ausgangspunkt ist und Nachforschungen über seine Bedeutungen eine nützliche und folgerichtige Disziplin darstellen, ergibt sich für uns am Ende doch ein Rezept für die Gestaltung von Darbietungen, die unser Publikum auf die ein oder andere Weise bewegen.

Das trifft in der klassischen Tradition für die Instrumentalmusik in der Tat ebenso zu wie für die Vokalmusik. In einem brillanten Essay äußert der Pianist Alfred Brendel, dass dem Interpreten in der Klaviermusik Beethovens über die Analyse und Ausarbeitung der Struktur hinaus die Aufgabe zufällt, «als Charakterdarsteller Rollen zu spielen».[4] Wenn das bei der abstrakten Musik höchsten intellektuellen Anspruchs der Fall ist, wie viel mehr gilt es dann für die gesungene Musik, für Musik, die einen literarischen Text besitzt und, wenn vielleicht auch keinen wirklichen Charakter wie im Theaterstück, so doch eine Persona aus der Welt des Liedes voraussetzt.

Edward T. Cone schreibt dazu in seinem Klassiker *The Composer's Voice (Die Stimme des Komponisten)*:

> «Wenn wir die Liedkunst ernst nehmen, dann müssen wir den Charakteren, welche durch die Sänger porträtiert werden, einen ebensolchen Stellenwert einräumen. Sie sind nicht einfach Marionetten, die durch die Fäden des Komponisten kontrolliert werden. Sie sind eher wie Petruschkas, die durch den Komponisten zum Leben erweckt, dann aber von ihrem eigenen Willen und ihren eigenen Sehnsüchten getrieben werden. So übernimmt die Persona im Gesang die originale Simulation der poetischen Persona und fügt eine eigene hinzu.»[5]

Sänger sind keine Marionetten, sagt Cone, mit einem ironischen Seitenhieb auf Strawinsky, und er hat sicherlich Recht. Das Anverwandeln eines Charakters, das Verschmelzen der Charaktere des Werkes mit den Interpreten, das die Aufführung mit sich bringt, kann uns oft ein ganzes Stück von dem wegführen, was ein Komponist «beabsichtigte». Zugleich ist einer der stärksten Eindrücke, die man als Interpret haben kann (und vermutlich empfindet das nicht nur der Sänger so, sondern auch das Publikum), wenn in den für mich gefühlt besten, den «tiefsten» Aufführungen das Lied den Sänger singt. Wenngleich das ein wenig mystagogisch klingt, so ist es doch eine Vorstellung, die, gleichsam phänomenologisch, erfasst, wie es sich anfühlt, ein Kunstwerk zu interpretieren und sich von diesem mitreißen zu lassen, überrascht durch die Art und Weise, wie es uns packt und überwältigt. Solche Momente sind selten im Leben, unheimliche Momente, in denen Teile unseres Lebens sich plötzlich auf geheimnisvolle Weise miteinander verbinden, Momente, die wir vielleicht als Epiphanie bezeichnen könnten. Die Kunst lässt solche Epiphanien hervortreten, und für den Sänger und sein Publikum stellen sie sich ein, wenn das Lied den Sänger singt.

Ich wollte über diese Konfrontation, dieses Abenteuer mit der Identität sprechen, weil ich im Laufe der letzten 30 Jahre als Sänger zwischen zwei Ansätzen hin- und hergerissen war, die auf den ersten Blick widersprüchlich erscheinen. Als ausgebildeter Historiker, der bis zum Alter von 30 Jahren an der Universität gearbeitet hat, spielte sich mein musikalisches Leben stets außerhalb dieser akademischen Struktur ab. Ich lernte nie, ein Instrument zu spielen, ich befasste mich nie mit Harmonielehre und Kontrapunkt. Als ich die romantischen Lieder von Schubert, Schumann, Brahms und Wolf sang, erwuchs meine Selbstlegitimation nicht aus einem akademischen Verständnis der poetisch-musikalischen Texte, die ich liebte und sang, sondern aus der Hingabe zu einer Art Intensität des Ausdrucks und aus jenem Streben, so in die Musik einzutauchen, dass Sänger und Lied verschmelzen. In meiner gesanglichen Praxis ging es nie um Transparenz, sondern um Verschmelzung und jenes paradoxe Heraustreten aus dem eigenen Selbst, das eine bestimmte Intensität der Darbietung mit sich bringen kann.

Gleichzeitig erkannte ich – als Historiker –, wie die Musik, die ich sang, aus verschiedenen kulturellen Momenten in der Geschichte der westlichen klassischen Tradition hervorgegangen war und dass jeder von ihnen es im Hinblick darauf, wie ein Charakter verstanden werden kann, womöglich verdiente, ans Licht gebracht zu werden. Vollzieht sich die erste intensive Begegnung mit der gesungenen Aufführung durch das romantische Lied, dann wird der performative Stil, den man annimmt, natürlich sehr wahrscheinlich ein romantischer sein. Die Anerkennung der historischen Wurzeln dieses Stils disqualifiziert ihn als künstlerischen Ansatz keineswegs. Ich denke etwa an den im 20. Jahrhundert wirkenden britischen Komponisten Benjamin Britten, der erklärte, dass er, hätte er 100 Jahre früher gelebt, ein romantischer Komponist geworden wäre – was nicht einfach als eine Feststellung des Offensichtlichen gemeint war, sondern als eine Art Loyalitätsbekundung. Es war Nietzsche, der sagte, jede Musik sei Schwanengesang.[6] Für mich ist jedes Lied auf irgendeine Art romantisch und erfordert die Beschäftigung mit den großen Themen des Lebens, welche die Romantiker erkundeten und an die psychoanalytische Tradition weitergaben – Eros und Thanatos, Liebe und Tod, Identität, oder einfacher gesagt: Wer sind wir, wer bin ich?

In diesen Essays möchte ich eine Auswahl verschiedener Stücke in den Blick nehmen, die sich vielleicht in neuem Licht zeigen, wenn man ihre Darstellung von Identität problematisiert und historisiert. Ich bin überzeugt, dass dies sowohl ein praktisches als auch ein moralisches Thema ist. Wir schulden es der Vergangenheit und auch der Gegenwart, den Kontext zu verstehen, aus dem Kunst als Teil jenes mysteriösen kreativen Stroms erwächst, der in kultureller Allgemeingültigkeit die Toten, die Lebenden und die noch Ungeborenen zu verbinden sucht. Ich möchte die performativen Konstruktionen von Identität in der Musik durch die Linse von Geschlecht, Politik und der ultimativen paradoxen Grundierung und Verweigerung der Identität, den Tod, betrachten. Werke, die scheinbar schwer zu interpretieren sind, wie Robert Schumanns romantischer Liederzyklus *Frauenliebe und Leben,* können neu gedacht werden, indem man einen genaueren Blick auf ihre Ursprünge wirft. Werke, die lange in einem ideologischen Exil dahinvegetiert haben, wie Ravels *Chansons Madécasses,* sind nicht nur ästhetische Objekte, denn Ravels Liederzyklus existiert in einer historischen Matrix, die dem kolonialen Unternehmen Europas entgegensteht, aber auch darin verstrickt ist. In diesen Essays werde ich mir Stücke vornehmen, die ich selbst interpretiert habe oder die ich interpretieren könnte. Ich werde dabei Fragen aufwerfen, Fragen, die uns helfen, von der Vergangenheit her die Gegenwart zu beleuchten und aus der Gegenwart Licht auf die Vergangenheit zu werfen, Fragen, welche die künstlerische Interpretation bereichern und zugleich weiter ausloten können.

1

Verschwimmende Identitäten

Geschlechter auf der Bühne

Dieser Essay betrachtet drei Werke aus drei verschiedenen Epochen, um nachzuzeichnen, wie ein Aspekt sozialer Identität – die Genderidentität – in besonderen historischen Momenten kreativ umgestaltet wurde. In der europäischen Musiktradition waren Geschlechterfragen seit jeher komplexe Themen; musikalische Werke bieten einen offenen und fluiden Raum, in dem Gesellschaften solche Fragen erörtern können.

Claudio Monteverdis kurzes Bühnenwerk *Il Combattimento di Tancredi e Clorinda* (1624) schildert den Kampf zwischen Tancredi und Clorinda. Identitätsfragen werden hier durch das Erzählen einer Geschichte präsentiert, in der Geschlechterrollen zerfließen und in Frage stehen. In Robert Schumanns Liederzyklus *Frauenliebe und Leben* (1840) gerät die romantische und romantisierte Präsentation von Leben und Liebe einer Frau durch die männliche Identität des Autors, Komponisten und Dichters zu einer diffizilen Angelegenheit. Näher an unserer Zeit, wird in Benjamin Brittens Musikdrama *Curlew River* (1964) die Tragik des Stückes durch das Verschwimmen der Geschlechter – insbesondere die Interpretation einer weiblichen Rolle durch einen männlichen Sänger – noch intensiviert.

Monteverdis musikalische Bühnenwerke, die er in den ersten Jahrzehnten des 17. Jahrhunderts schrieb, sind heute fester Bestandteil des Repertoires. Da sie jedoch am Beginn der Operntradition stehen, bevor feste Regeln für das, was eine Oper sein sollte, festgeschrieben wurden, sind sie fluide Werke, für ein modernes Publikum seltsam und irritierend. Für Monteverdis Zeitgenossen müssen sie erst recht eigenartig und verstörend gewesen sein. *L'Orfeo*, 1607 für den Herzog von Mantua, Francesco IV. Gonzaga, geschrieben, ist mehr höfische Unterhaltung als Oper. Heute jedoch kann man das Werk für gewöhnlich in Opernhäusern sehen und hören. Trotz all der philosophischen oder musikwissenschaftlichen Rätsel und Widersprüchlichkeiten, die mit der Rekonstruktion eines vier Jahrhunderte zuvor geschriebenen Stückes einhergehen (was ist Authentizität, wie können wir ihr näherkommen?), besitzt es eine merkwürdige amphibische Beschaffenheit, indem es fremdartig und vertraut zugleich erscheint. Es vermischt Emotionen, die wir wiedererkennen, mit Emotionen, die mit unseren Belangen scheinbar kaum etwas zu tun haben. Und genau das tut die Musik der Vergangenheit für uns, sie erweckt die Fremdartigkeit und das Menschsein früherer Zeiten zum Leben, mit einer tief unter die Haut gehenden Wirkung, weit entfernt von dem, was einige Kommentatoren grob als die «Museumskultur» klassischer Musik abtun.

Monteverdis venezianische Opern, *Il Ritorno d'Ulisse in Patria* (1639/40) und *L'Incoronazione di Poppea* (1643) sind gefühlt sehr viel näher an der Oper, viel offensichtlicher auf Theater und Publikum ausgerichtet. Sie agieren ganz frei, mit jener fast

Shakespeare'schen Mischung von Ernst und Leichtigkeit, die uns daran erinnert, dass solche Stücke für die Karnevals-Saison geschrieben wurden, in der die sozialen und ideologischen Prämissen der venezianischen Republik sozusagen durch ein grellbuntes, komödiantisches Kaleidoskop betrachtet werden konnten und die Welt Kopf stand.

Ein anderes Karnevals-Stück von Monteverdi ist noch schwieriger einzuordnen, auch wenn es immer mehr Teil des postmodernen klassischen Repertoires wird. *Il Combattimento di Tancredi e Clorinda* oder *Der Kampf zwischen Tancredi und Clorinda* wurde geschrieben, um in der Karnevalszeit 1624 in den Räumlichkeiten der Familie Mocenigo im Palazzo Dandolo an Venedigs sagenumwobener Riva degli Schiavoni als Teil der Abendunterhaltung zu dienen. Die zugrunde liegende Handlung ist einfach, stellt jedoch zugleich die Tropen der Heteronormativität in Frage. Während des Ersten Kreuzzuges wird ein muslimischer Krieger vor den Toren Jerusalems gefangen genommen und von dem christlichen Ritter Tancredi zum Kampf gefordert. Sie treten gegeneinander an, und Tancredi will schließlich wissen, wer sein Kontrahent ist. Dass dieser seine Identität nicht preisgeben will, stachelt Tancredi zu einem weiteren wütenden Duell an. Der Kampf wird immer heftiger, und Tancredi fügt seinem Gegner eine tödliche Wunde zu, woraufhin ihn der Sterbende bittet, ihm die Taufe zu spenden. Als Tancredi sich anschickt, das zu tun, erkennt er in seinem Feind endlich Clorinda – die Frau, die er liebt. Sie stirbt.

Dem Combattimento ist etwas Experimentelles eigen, und bei seiner Uraufführung, als eine Gruppe von Sängern, Instrumentalisten und Schauspielern oder Tänzern inmitten eines Festes begannen, Tassos Geschichte aufzuführen, muss das ein avantgardistischer Paukenschlag gewesen sein. Dass Tancredi Clorinda in einer häuslichen Umgebung, quasi hautnah, den Todesstoß versetzt, hatte auf dem Höhepunkt der Darbietung vermutlich einen besonders verstörenden und schauderhaften Effekt. Hier ist Monteverdis eigene Beschreibung des Abends:

> «Unerwartet [und das ist entscheidend für die Wirkung des Abends] tritt Clorinda auf, in Rüstung und zu Fuß. Sie wird von Tancredi verfolgt, bewaffnet und auf einem «cavallo mariano» [eine Art Steckenpferd?]. Der Erzähler, Testo, beginnt zu singen … Tancredi und Clorinda führen Schritte und Bewegungen aus, dem Ausdruck der Rede angepasst, nicht mehr und nicht weniger, und sie beachten die Tempi, Schläge und Schritte sorgfältig. Die Instrumentalisten klingen aufgeregt oder sanft, und der Erzähler setzt die Worte so zur Musik, dass aus allem eine Einheit entsteht.» [1]

Monteverdis Umsetzung dieser Begebenheit aus Tasso muss ein seltsam dissoziatives Gefühl erzeugt haben. Der Erzähler wird Testo, wörtlich «Text», genannt, was allerdings eine gebräuchliche Bezeichnung für einen Erzähler oder Solisten in der italienischen Musik ist. Er entspinnt seine Erzählung, während zwei Schauspieler-Tänzer den Kampf darstellen. An vier entscheidenden Stellen des Dramas erheben Tancredi und Clorinda selbst ihre Stimme – aber sangen die Akteure oder taten sie nur so, während die eigentlichen Charaktere ihre Worte sangen? Das ist unklar.

Monteverdi war insbesondere stolz darauf, dass er neue musikalische Ausdrucksmittel entwickelt hatte, um Kampf in Klängen auszudrücken, und brüstete sich damit in der Einleitung zu seinem 1639 veröffentlichten Werk. Pizzikati, schnell wiederholte Noten, Streichertremolo: Das nannte er den *Conci-*

tato genere, den erregten Stil, der die Klänge des Kampfes imitiert. Hört oder sieht man das Werk heute, dann erscheint jedoch vor allem die sexuelle Aufladung des Tasso-Stoffes in Monteverdis Umsetzung bemerkenswert. Der erregte Stil entstand also aus der Imitation kriegerischer Handlungen heraus, sein bezeichnendes Potential kann jedoch ebenso leicht auf eine ganz andere Art von Erregung übertragen werden.

In wahrhaft karnevalesker Manier spielt der *Combattimento* mit Gendervorstellungen, indem er die Fluidität und Performativität von Geschlechterrollen betont, und so ist der Kampf zwischen den beiden Gegnern voll von erotischer Ambiguität. Das elitäre Publikum der Uraufführung kannte natürlich Tassos Gedicht und seine komplexe Darstellung der Beziehung zwischen Tancredi und Clorinda.

Tancredi begegnet Clorinda schon früh im Gedicht, verliebt sich in sie und weigert sich, gegen sie zu kämpfen. Clorinda selbst hegt eine geheime Leidenschaft für Tancredi.

In einer oft übersehenen Passage aus dem dritten Gesang wird sie – entgegen der in der Renaissancezeit geltenden Normen – als aktive und fast lüsterne sexuelle Akteurin beschrieben, die «sich verstellend, deckt … mit dem rauhen Gewand des Hasses sehr verschiedene Glut»:

> «O hätt' ich ihn, gefangen,
> In meiner Macht! Todt dürft' er noch nicht sein;
> Nein, leben müßt' er, diesem Glutverlangen
> Durch süße Rache Lindrung zu verleihn.»

Als sich die beiden im zwölften Gesang wieder begegnen, trägt Clorinda eine Rüstung, die ihre Identität und ihr Geschlecht vor Tancredi verbirgt. Sie kämpft gegen ihn und nimmt dabei eine maskuline Persona an, die Tancredi nicht durchschaut. In der Passage, die Monteverdi vertont hat, ist die Begegnung ebenso eine erotische wie auch eine kriegerische, und der Kampf wird als Darstellung eines sadomasochistischen Liebesaktes neu interpretiert:

> «Dreimal umfaßt mit seines Armes Ringen
> Der Held die Jungfrau; und mit gleicher Kraft
> Reißt sie sich dreimal los aus diesen Schlingen,
> Die Feindeshaß, nicht Liebessehnen, schafft.»

Hier umgibt Monteverdis Musik die Worte mit einem synkopierten, gleitenden Liebesschmerz.

Als Tancredi Clorinda den Todesstoß versetzt, bekommen Tassos Worte einen verstörend erotischen Beiklang, was durch die schiere Einfachheit von Monteverdis Vertonung noch verstärkt wird:

> «Schon hat sein Schwert die schöne Brust gefunden
> Und trinkt das Blut, das ihm entgegen schwoll
> Und feuchtet ihr Gewand, mit Gold durchwunden,
> Das leicht und zart um ihren Busen quoll,
> Mit warmer Flut.»

Die Geschichte endet mit Clorindas Bitte an Tancredi, sie mit dem Wasser einer nahegelegenen Quelle zu taufen, mit seiner vollkommenen Erschütterung, als er sie wiedererkennt – ein Moment, den Tintoretto in einem großartigen Gemälde, welches sich heute in Houston befindet, festgehalten hat – und schließlich mit dem Bericht über ihre christliche Erlösung (Tafel 1).[2]

Wer ist Clorinda? Wie die Historikerin Wendy Heller herausarbeitete, wurde im Venedig des 17. Jahrhunderts über die Rolle und den Charakter von Frauen konstant verhandelt und debattiert – vor allem natürlich von Männern. Es herrschte eine gesellschaftliche Ordnung, in der Frauen niemals politische Macht erlangen konnten, noch weniger als in anderen italienischen Staaten der Zeit, wo die Institution des Hofes zumindest einen gewissen Spielraum für die informelle weibliche Einflussnahme ermöglichte. Die Hochzeitsbräuche der Republik sahen vor, die Weitergabe von Eigentum zu sichern, und verdammten viele, vermutlich die meisten unverheirateten adligen Frauen, zu einem nicht selbst gewählten Leben als Nonne hinter Klostermauern.[3]

Aber Frauen schrieben über die Einschränkungen, unter denen sie lebten, und keine tat das eloquenter als Lucrezia Marinella (1571–1653) in ihrem «La Nobilità et l'eccelenza delle donne co' difetti et mancamenti de gli uomini» – die Vornehmheit und Vortrefflichkeit von Frauen gegenüber den Makeln und Unzulänglichkeiten der Männer:

> «O möge Gott doch gewähren, dass es Frauen in unserer Zeit gestattet wäre, sich im Umgang mit Waffen und Literatur zu üben, so dass wir bei der Bewahrung und Erweiterung von Königreichen solch wundervolle und unerhörte Dinge erleben könnten. Und wer wäre eher bereit, die furchtlose Brust zum Schild zu machen, um das Vaterland zu verteidigen, als die Frauen?»[4]

In der Renaissance gab es nur wenige, jedoch umso bemerkenswertere Beispiele solch kriegerischer Frauen: Elisabeth I., die 1588 der Spanischen Armada die Stirn bot, ist vielleicht die berühmteste von ihnen: «Weniger Jungfrau als Mannweib», wie ein Zeitgenosse es formulierte, «mitnichten anders als die Amazonenkönigin».[5] Tasso selbst war ganz besonders stolz darauf, dass es ihm gelungen war, die Amazonenkriegerin Clorinda in sein Epos einzubinden, während in Homers «Ilias» die Königin der Amazonen, Penthesilea, keinen eigenen Auftritt erhalten hatte. Gleichzeitig war Clorinda jedoch eine *finta persona*, ein Wunder, und für Tasso existierten klare Geschlechterrollen, denen Männer und Frauen unter normalen Bedingungen entsprechen sollten – Stärke, Handel und Kampf war Sache der Männer, Bescheidenheit und Haushaltsführung hingegen waren den Frauen zugedacht.[6]

In gewisser Weise stellt der *Combattimento* Tancredis heteronormative männliche Genderpräsentation ebenso in Frage wie die Rolle Clorindas. Die erotische Qualität des Kampfes ist vielschichtig, verworren und irritierend. Clorinda liebt Tancredi – ohne wirklich zu wissen, wie oder warum – und kämpft mit ihm auf Leben und Tod, um ihn irgendwie zu besitzen. Tancredi weiß nichts von Clorindas weiblicher Identität und lässt sich auf diesen sinnlichen Kampf mit einem fingierten Mann ein. Als er erkennt, dass sein Gegner eine Frau ist, und darüber hinaus die Frau, die er liebt, kommt ihm sein männliches Identitätsgefühl abhanden, und er durchläuft einen Moment der Krise. Was Clorinda angeht, so wird ihre Handlungsmacht durch das Stück bestätigt – sie besteht auf ihrer Konfrontation mit Tancredi, sie verfolgt ihn –, aber sie wird letztlich für diese Handlungsmacht durch Niederlage und Tod bestraft. Ihre Karnevals-Existenz als ein performatives Wunder ist eine erlaubte Ausnahme, welche die Sitten und Gebräuche der venezianischen Gesellschaft nur noch einmal bekräftigt. Was die Herren und Damen, die das Stück zuerst gesehen haben, hinterher dazu gesagt haben, werden wir natürlich nie erfahren. Wir wissen jedoch von Monteverdi, der aber möglicherweise in eigener Sache sprach, dass durchaus Tränen vergossen wurden.

Der *Combattimento* ist reich, fast zu reich an Text und Kontexten, als dass sich der Interpret damit hinlänglich auseinandersetzen könnte. Um das Werk herum entstand eine Menge gelehrter Literatur von fantastischer Tiefe und Suggestivität. Das Publikum der 1620er Jahre war sich durch seine Vertrautheit mit Tasso – anders als ein modernes Publikum – durchaus bewusst, dass Clorinda, die weißhäutige Muslimin, eigentlich aus einer dunkelhäutigen christlichen Königsfamilie stammt – eine weitere Identitätsverwirrung, die ihrer Taufe besondere Kraft verlieh, vor allem in den Augen der Venezianer, die durch ihre Lage an der Grenze zwischen der christlichen und der islamischen Welt sicherlich Geschichten von Venezianern kannten, die als Muslime aufwuchsen oder von Osmanen, die christlich erzogen wurden.[7] Suzanne Cusick zeigte, dass der Text, den Monteverdi vertont hat, faszinierende Momente sexueller Doppeldeutigkeit enthält, welche diverse Ebenen karnevalesker Spannung zwischen den Bereichen von Schlacht, Liebe und anzüglichem Scherz eröffnen.[8]

Wie funktioniert der *Combattimento* für den Interpreten bei der Aufführung? Ich sang ihn vor kurzem auf einer Tournee mit dem Originalinstrumente-Orchester *Europa Galante* unter seinem Dirigenten Fabio Biondi. Wie es heute so oft der Fall ist, sang ich – anders als von Monteverdi ursprünglich konzipiert – das gesamte Stück allein: den namenlosen Erzähler, Clorinda und Tancredi. In dieser Version ist Testo ein Balladensänger auf der Bühne, der eine Geschichte, eine uralte Geschichte erzählt, jedoch nahtlos in die Rollen dieser Geschichte schlüpft; und nicht nur wenn Tancredi und Clorinda sprechen, sondern auch wenn die musikalische Erzählung die Erfahrungen der Kämpfenden ausgestaltet: Aggression, Verlangen, Unterwerfung. Clorindas Performativität, als sie vorgibt, etwas zu sein, was sie nicht ist, findet in der Darstellung des Erzählers ihren Widerhall. Für Interpreten und Publikum ist es ein bemerkenswert packendes Stück, das, auf diese Weise dargeboten, über seine gebrochene Struktur hinweg trägt und die vielen Kommentatoren, die es ästhetisch merkwürdig finden, Lügen straft. Und in seiner Erkundung der Fluidität von Geschlecht und Sexualität und deren fantastischer Vorstellungswelten ist der *Combattimento* viel interessanter, als Monteverdi dies seinem Publikum erklärte, als er in der Erstveröffentlichung damit prahlte, wie patent er die Klänge des Krieges nachgeahmt hatte. Dabei wohnt dem Stück so viel mehr inne.

Der *Combattimento* endet mit einer Ungewissheit. Als sie stirbt, «scheint» es der Erzählung nach nur so, als äußere Clorinda die Worte: «Der Himmel thut sich auf, ich geh' in Frieden». («Blickt sie mit frohem Lächeln himmelwärts, / Als spräche sie …») Diese Offenheit, dieses Fehlen eines abschließenden glücklichen Ausgangs spiegelt sich in einer gebrochenen Kadenz, einer Art Trennung zwischen Clorindas Ende und dem der Musizierenden, ein Schluss, der nach ihrem verklärten Hinscheiden befremdlich wirkt.[9]

𝄽

Robert Schumanns Liederzyklus für Gesang und Klavier, *Frauenliebe und Leben*, ist etwas ganz anderes als Monteverdis *Combattimento*. Er gehört zur Welt des romantischen Liedes, eines der angesehensten klassischen Genres des 19. Jahrhunderts, das Franz Schubert im Laufe seines kurzen Lebens gewissermaßen erfand. Klavier und Stimme schaffen gemeinsam eine psychologisch überzeugende Persona, und zwar eine mit psychoanalytischen Vorklängen: Die Stimme spricht auf bewusste Weise, während das Klavier die Außenwelt und das Unbewusste in Wellen emotionalen Sehnens miteinander verschmelzen lässt – eine Welt, die weit entfernt ist von den performativen Identitäten der Spätrenaissance.

Frauenliebe ist ein außergewöhnlich fesselndes und bewegendes Musikstück. Während sieben Liedern und zwanzig Minuten erleben wir die Erfahrungen einer jungen Frau mit, die sich verliebt, heiratet, schwanger wird, ihr Kind stillt und Witwe wird. Wenn wir nur einen knappen Titel für jedes Lied hätten und keine Worte, um die Details zu verstehen, würden wir trotzdem noch den emotionalen Drang des Werkes spüren, wie das auch bei Schumanns literarischen, jedoch wortlosen Klavierzyklen der 1830er der Fall ist. Das Stück endet mit einem meditativen, aber niederschmetternden Nachspiel, überschattet vom Tod des Ehemanns. Die Musik des ersten Liedes im Zyklus, jene erste Begegnung mit dem Geliebten («Seit ich ihn gesehen, glaub ich blind zu sein»), kehrt wieder, aber zunächst mit verschleierter Vokalmelodie, die schließlich ganz verschwindet und beim Zuhörer nur eine Erinnerung hinterlässt. Charles Rosen, Pianist und einer der großen Musikschriftsteller, hat die subtile Kraft dieser erhabenen Evokation der Erinnerung in der Musik analysiert:

> «Das Nachspiel ist eine Erinnerung, und ein Teil der Erinnerung fehlt: Er muss wieder ins Gedächtnis gerufen werden, man muss ihn zurückholen wollen – was man unweigerlich auch tut. Schumann zwingt den Hörer dazu, die ewige Unvollkommenheit der Erinnerung anzuerkennen und das Lied zu ergänzen. Das Ende des Zyklus ist keine Wiederkehr, sondern der Geist einer Wiederkehr, ein Fragment oder Schatten des Originals. Die Stimme existiert nicht länger, und mit ihr ist ein Teil der Melodie gestorben.» [10]

Frauenliebe ist seit jeher einer der am häufigsten aufgeführten Liederzyklen der Romantik. Zum einen wegen seiner schieren affektiven Kraft, seiner innovativen und fesselnden Neugestaltung einer häuslichen Tragödie, zum anderen aber, weil er einer der wenigen Liederzyklen mit einer definitiv weiblichen poetischen Persona ist. Allerdings sorgt *Frauenliebe* heutzutage auch für Betretenheit, da seine Texte offenbar der paternalistischen Welt des 19. Jahrhunderts angehören, die Sänger und Zuhörer im 21. Jahrhundert als unbehaglich empfinden. Es scheint nicht immer leicht, die Lieder gewissermaßen historisch oder dramatisch zu rezipieren, als Darstellung einer Welt der Vergangenheit oder als eine Reihe sexistischer Tropen, denen wir widerstehen. Sänger und Programmhefte in den Konzerthallen entschuldigen sich zumeist für die Stücke, als wären sie eine Art Manifest und nicht ein Kunstwerk aus alten Zeiten.

Es ist wahr, dass die offen zu Tage tretende Unterwürfigkeit der Gedichte mitunter schwer zu ertragen ist. «Seit ich ihn gesehen, / Glaub' ich blind zu sein»; «Wie hätt' er doch unter allen / Mich Arme erhöht und beglückt?»; «Ich werd ihm dienen, ihm leben, / Ihm angehören ganz»; «Lass mich in Demut, / Lass mich verneigen dem Herren mein».

Zwei Musikwissenschaftler – Kristina Muxfeldt in ihrem einflussreichen Artikel «*Frauenliebe und Leben*: Now and Then»,[11] und Rufus Hallmark in seinem Buch «*Frauenliebe und Leben*»*: Chamisso's Poems and Schumann's Songs*[12] – haben versucht, das Programm von Schumanns Zyklus und die darin vertonten Gedichte von Adelbert von Chamisso zu kontextualisieren und ein Stück weit zu retten.

Auch wenn er heute kaum mehr bekannt ist, am ehesten noch als Autor von *Frauenliebe*, war Chamisso kein sentimentaler Schreiberling, sondern ein selbstbewusster, progressiver

Dichter, der bis ins 20. Jahrhundert hinein durchaus Ansehen genoss und von Thomas Mann in einem bewundernden Essay gewürdigt wurde. Chamisso schrieb eine Menge Verse aus weiblicher Perspektive, und sein erklärtes Ziel war es weniger, eine regressive patriarchalische Ideologie durchzusetzen oder zu stützen, als vielmehr innerhalb einer Poesie, der es an weiblicher Erfahrung mangelte, Raum zu schaffen für die weibliche Warte. Chamisso gab auch Poesie von Frauen heraus, sein Bedürfnis, die weibliche Stimme in einem Zyklus wie *Frauenliebe* nachzuahmen, behagt dem modernen Publikum aber trotzdem nicht. Viele der Tropen von *Frauenliebe* sind nicht dem Katalog der weiblichen, sondern der männlichen Unterwerfung in der Liebe entlehnt, was Schumann etwa im zweiten Lied des Zyklus, «Er der Herrlichste von allen» mit seinem fanfarenartigen Motiv in Singstimme und Klavier natürlich aufnimmt: Die traditionelle ritterliche Rhetorik wird hier auf die weibliche Stimme übertragen. Die pure Leidenschaft in der musikalischen und poetischen Sprache von Frauenliebe ist Welten entfernt von jenem im 19. Jahrhundert herrschenden Ideal des frigiden und passiven häuslichen Engels.

Womit wir also konfrontiert sind, wenn wir *Frauenliebe* singen, spielen und hören, ist eine notwendige Komplexität, die Schwierigkeit, einer leidenschaftlichen Frau zu begegnen, die durch einen Mann in der Mitte des 19. Jahrhunderts mit Worten und Musik zum Leben erweckt wurde und heute wiederum für gewöhnlich durch eine Sängerin aus dem 21. Jahrhundert verkörpert wird.[13] Das übergreifende Thema des Zyklus ist natürlich nicht Unterwerfung, sondern Verlust – das ist der Schlusseffekt des Zyklus, der Schlüssel zu seiner emotionalen Kraft, seine unter die Haut gehende ästhetische Wirkung, wie Charles Rosen es technisch meisterhaft analysiert hat. Gleichwohl sollte man nicht vergessen, wie verunsichert selbst die Zuhörer des 19. Jahrhunderts angesichts der Unterwürfigkeit von *Frauenliebe* waren. Theodor Storm schrieb an seinen Schriftstellerkollegen Paul Heyse 1874: «Mörike sagte einstmals zu mir, ‹Das ist mir sehr zuwider!› – das ist auch meine Empfindung».[14]

Wenn wir uns aber anschauen, wie Schumanns *Frauenliebe* entstanden ist, dann kann das unsere Reaktion darauf auch wieder intensivieren und die Identitätsspannungen, die das Werk lebendig machen, weiter erhellen. Es war Gustave Flaubert, der bekanntermaßen erklärte: «Ich bin Madame Bovary»; und in vielerlei Hinsicht ist Robert Schumann selbst der Protagonist von *Frauenliebe und Leben*.[15]

Schumann schrieb den *Frauenliebe und Leben*-Zyklus in jenem magischen Jahr 1840, in dem er fast all seine berühmten Liederzyklen schuf – *Dichterliebe*, die *Liederkreise* op. 24 und op. 39 zu Gedichten von Heine bzw. Eichendorff und die Kerner-Lieder op. 35. Einer der Zyklen, *Myrthen*, war explizit als Hochzeitsgeschenk gedacht, ein Kranz von Myrten, um seine bevorstehende Vereinigung mit der berühmten Pianistin und Komponistin Clara Wieck zu feiern. Robert hatte Clara kennengelernt, als er Klavierschüler ihres Vaters, des legendären Friedrich Wieck wurde und eine Weile bei ihrer Familie wohnte. Friedrich hatte Clara zu einer großen Virtuosin ausgebildet und widersetzte sich ihrer Heirat mit Schumann bis zum bitteren Ende.

1840 sprudelten die Lieder nur so aus Schumann hervor, gleichwohl er als Meister der Klavierminiatur dieses Genre bisher gemieden hatte. Dem lag eine beschwingte Produktivität zugrunde, die daraus resultierte, dass sein Kampf um die Heirat mit Clara endlich Früchte trug. Diese Zyklen spiegeln die juristischen und persönlichen Kämpfe, die ihre Vereinigung begleiteten, und sind, in wahrhaft romantischer Manier, voll von Gefühlen wie Liebe, Eifersucht, Zurückweisung, Wut, Enttäuschung – all jene Regungen, die seit Beginn seiner Beziehung zu Clara in Schumanns Kopf hohe Wellen schlugen und miteinander rangen. Als der Konflikt 1839/40 seinen Höhepunkt erreichte, zerbrach Robert fast daran.

Frauenliebe ging im Juli 1840 aus diesem Malstrom hervor. Der Juni war ein Monat intensiver juristischer Auseinandersetzungen gewesen, und die Hochzeit sollte im September endlich gefeiert werden. So spiegelt das Werk die komplizierte Nähe, welche diese beiden außergewöhnlichen Musiker verband – Robert, den Schöpfer neuer Formen in der Musik, und Clara, eine der größten Pianistinnen ihrer Zeit und außerdem ebenfalls Komponistin. Wenn etwas zeigt, dass *Frauenliebe* nicht einfach eine schmalzige Feier der weiblichen Unterwerfung ist, dann die Tatsache, dass Robert Clara im Sinn hatte, als er den Zyklus schrieb. Clara hatte das Talent zu einer brillanten Komponistin (das derzeitige Revival ihres frühen Klavierkonzertes führt zu einer Neubewertung dieser verlorenen Begabung – nicht lange nach ihrer Eheschließung gab sie das Komponieren weitgehend auf); und sie war zu ihrer Zeit eine Starpianistin, ein größerer Name als Schumann. Schumanns Haltung gegenüber seiner Verlobten blieb zwiespältig.

Seine Bewunderung für sie als Künstlerin war tief und beständig – «Meine Clara spielte alles wie eine Meisterin»[16], erklärte er im zweiten Jahr seiner Ehe –, zugleich war diese Bewunderung jedoch getrübt durch den Wunsch, sie möge sich ihm als Ehefrau hingeben und nicht als Künstlerin. Ein Brief vom September 1838 sprang innerhalb weniger Zeilen von der Beteuerung, ihre Kunst sei «groß und heilig», zur beharrlichen Forderung, «meine Clara soll ein glückliches Weib werden, ein zufriedenes, geliebtes Weib».[17] Ein Jahr später sann er über ihren «ersten Ehesommer in Zwickau» nach: «Erstens müssen junge Frauen gehörig kochen und wirtschaften können, wenn sie zufriedene Männer haben wollen …»[18] Und einige Wochen später schrieb er: «Das erste Jahr unserer Ehe *sollst* Du die Künstlerin vergeßen, *sollst* nichts als Dir u. Deinem Haus und Deinem Mann leben …»[19] Im selben Jahr hatte Robert Clara gebeten, ihm «zu vertrauen und folgsam zu sein, da nun einmal die Männer über den Frauen stehen».[20]

Die Realität von Schumanns Ehe war komplex und wurde detailliert in den gemeinsamen Ehetagebüchern festgehalten, die kontinuierlich den Zwiespalt zwischen bürgerlicher Konvention und Künstlerleben spiegeln.[21] Clara hörte auf zu komponieren, aber sie setzte ihre Karriere als international gefeierte (und gut bezahlte) Pianistin fort – und das oft zum Verdruss ihres Ehemannes, auch wenn er ihre überragenden künstlerischen Fähigkeiten bewunderte. In *Frauenliebe* scheinen sich ebenso Roberts Wünsche und Ängste zu manifestieren wie die Rolle der Frau, die bald nach der Komposition des Werkes seine Ehefrau werden sollte. So schrieb er an Clara im Dezember 1838, ihr zu Füßen liegend, devot, unterwürfig: «Du bist es doch, von der ich alles Leben empfange, von der ich ganz abhängig bin. Wie ein Knecht möchte ich Dir oft von Weitem folgen und Deines Winkes gewärtig sein.»[22]

Liest man eine andere Passage aus einem Brief, den Robert 1838, zwei Jahre vor ihrer Hochzeit, an Clara schrieb, dann denkt man unwillkürlich an eines der berühmtesten Lieder des Frauenliebe-Zyklus, «Du Ring an meinem Finger», in dem die Braut zu ihrem Ehering spricht und ergreifend von der Liebe zu ihrem Ehemann singt. So heißt es in der ersten Strophe des Gedichts:

«Du Ring an meinem Finger,
Mein goldenes Ringelein,
Ich drücke Dich fromm an die Lippen,
Dich fromm an das Herze mein.»

Und so lauten Roberts aufgewühlte Zeilen in seinem Brief an Clara:

«Und nun auch, daß Du so gar wenig von meinem Ring hältst – seit gestern habe ich Deinen auch gar nicht lieb mehr u. trag ihn auch nicht mehr. Mir träumte, ich ginge an einem tiefen Waßer vorbei, da fuhr mir's durch den Sinn und ich warf den Ring hinein – da hatte ich unendliche Sehnsucht, dass ich mich nachstürzte.»[23]

Wie tief sich Robert mit Clara identifizierte, als die Hochzeit näherrückte, wird deutlich in den abschließenden Zeilen eines Briefes vom März 1839, in dem er Geschlechter durcheinander wirft und Identitäten verschwimmen lässt: «Adieu lieber Herzensmensch, lieber Herzensbruder, mein lieber Ehegemahl, adieu, ich liebe Dich von ganzem Herzen ...» Er unterzeichnet den Brief nicht mit Robert Schumann, sondern mit Robert Wieck.[24]

Wir müssen unserem Umgang mit *Frauenliebe* und der Identitätskonstruktion des Protagonisten bzw. der Persona also noch weitere Komplexitätsschichten hinzufügen: Schumanns eigene Ängste und Ambivalenzen hinsichtlich seiner Beziehung zu Clara, seine eigene tiefe Identifikation mit ihr.

Was bedeutet es also für einen Mann, *Frauenliebe* zu singen? Von Schuberts Zeiten an bis heute gibt es eine lange Tradition von Liedern für Männerstimme, die von Frauen gesungen werden. *Frauenliebe* ist heute weitgehend eine weibliche Domäne, obschon sich jüngst auch einige berühmte männliche Stimmen wie die Baritone Matthias Goerne und Roderick Williams unter die Interpretinnen gemischt haben.[25] Es ist jedoch faszinierend, dass die vermutlich früheste konzertante Aufführung des gesamten Zyklus, mit Clara Schumann selbst am Klavier, 1862 von einem Mann, dem Bariton Julius Stockhausen gesungen wurde.[26] Unsere komplexe Beziehung zu diesem Meisterwerk, unsere Erkundung seiner kompositionellen und performativen Ebenen, Schicht für Schicht, sollte die Zwangsjacke der gendernormativen Interpretation lockern und es uns erlauben, auf die ganze Vielfalt möglicher Welten zu reagieren, die das Stück kreiert. Ich hoffe, dass ich in Zukunft Gelegenheit haben werde, *Frauenliebe* zu singen. Das Werk gehört uns allen. Jeder Interpret kann darin einen Ausdruck universaler menschlicher Belange und Erfahrungen finden, subtile und multivalente Äußerungen von Subjektivität und emotionalem Engagement. Selbst in diesem offenbar so überaus genderspezifischen Stück bleibt die Geschlechterrolle komplex und fluide; und unsere Reaktionen als Interpreten und Zuschauer oder Zuhörer sind offen und nichtbinär.

𝄽

Identitätsverwirrungen waren in der christlichen Kultur schon seit langer Zeit Themen, die im Karneval aufgegriffen wurden, und das Karnevaleske war ein immer wiederkehrendes Motiv in der Oper, von ihren Ursprüngen an bis heute. Geschlechterkonfusionen aller Art kamen nicht nur in der Oper, sondern auch in der Shakespeare'schen Komödie vor, und das sehr viel offenkundiger, wenn auch mitunter weniger verworren, als im *Combattimento*. Die bekanntesten Beispiele im heute kanonischen Repertoire enthalten weiblich-männliches Crossdressing. Cherubino, der pubertierende Junge in Mozarts *Hochzeit des Figaro,* wird von einer Mezzo-Sopranistin gesungen, und es erinnert an Shakespeare, wenn dieser vorgetäuschte Junge vortäuscht ein Mädchen zu sein, um nicht in die Armee geschickt zu werden. In Strauss' und Hofmannsthals dekadenter und lustvoller Hommage an Mozart, *Der Rosenkavalier*, beginnt die Oper mit zwei Sängerinnen, die sich miteinander im Bett vergnügen. Eine Sopranistin und eine Mezzosopranistin spielen eine Frau und einen Mann, bzw. Maria Theresa Fürstin Werdenberg (die Marschallin) und ihren jugendlichen Liebhaber Octavian Graf Rofrano, der sich als Kammerzofe Mariandl verkleidet, um den einfältigen Baron Ochs hereinzulegen und schließlich zu demütigen.

Die Ära der Opernkastraten, die von Monteverdi bis ins frühe 19. Jahrhundert hinein reichte, hatte früher vielfältige Möglichkeiten für Geschlechterkonfusionen eröffnet (kastrierte Männer mit hohen Stimmen, die sowohl weibliche als auch männliche Partien sangen) und schuf in der Opera seria des 18. Jahrhunderts ein kontraintuitives Ideal, in dem der männliche Held – etwa Julius Caesar oder Alexander der Große – fast immer durch die mitreißende und außergewöhnliche Stimme eines Eunuchen mit der Kraft eines Mannes, jedoch in der hohen Stimmlage einer Frau gesungen wurde.

Die Infragestellung normativer Begriffe von Geschlechterrollen im geschützten Raum des Opernhauses setzte sich bis ins spätere 20. Jahrhundert fort. Dennoch ist das Werk, das ich nun genauer betrachten möchte, Benjamin Brittens *Curlew River*, in diesem Zusammenhang bemerkenswert: Ohne aufreizend oder subversiv sein zu wollen, nutzt es Geschlechterumkehrungen auf besondere Weise, um sowohl musikalisch als auch darstellerisch ein abstraktes, übergeschlechtliches Porträt einer universalen, neu gestalteten Menschheit zu schaffen.

Curlew River war die erste von Brittens sogenannten «Parabeln zur Aufführung in der Kirche». Die zentrale Rolle im Stück, die Wahnsinnige, wird von einer männlichen Stimme interpretiert. Sie wurde für den Lebensgefährten des Komponisten, den Tenor Peter Pears geschrieben, der sie 1964 bei der Premiere sang. Ich möchte im Folgenden untersuchen, was die Besetzung eines Mannes in der Rolle einer Mutter für das Stück und für unsere Reaktion darauf bedeutet.

Die Inspiration zu *Curlew River*, dem ersten von dreien solcher Werke, erhielt Britten durch das japanische Nō-Spiel *Sumidagawa* (Am Sumida-Strom). Mit stilisierten Bewegungen und der traditionell durchweg männlichen Besetzung erzählt *Sumidagawa* die Geschichte einer Adligen, die durch den Verlust ihres einzigen Sohnes dem Wahnsinn verfallen ist. Sie gelangt ans Ufer des Flusses Sumida, und als sie sich übersetzen lässt, lauscht sie der Geschichte des Fährmanns, der sie zuerst verhöhnt hatte und sie nicht an Bord nehmen wollte. Es stellt sich heraus, dass der Sohn der Frau vor genau einem Jahr von einem Sklavenhändler entführt und von diesem schließlich am Flussufer krank zurückgelassen worden war, um dort zu sterben: Die Dorfbewohner gedenken des furchtbaren Ereignisses noch jetzt in ihren Gebeten. Die Mutter selbst betet, und der Geist des Jungen erscheint ihr – jedoch:

> «As she seeks to grasp it by the hand,
> The shape begins to fade away;
> The vision fades and reappears
> And stronger grows her yearning.»[27]

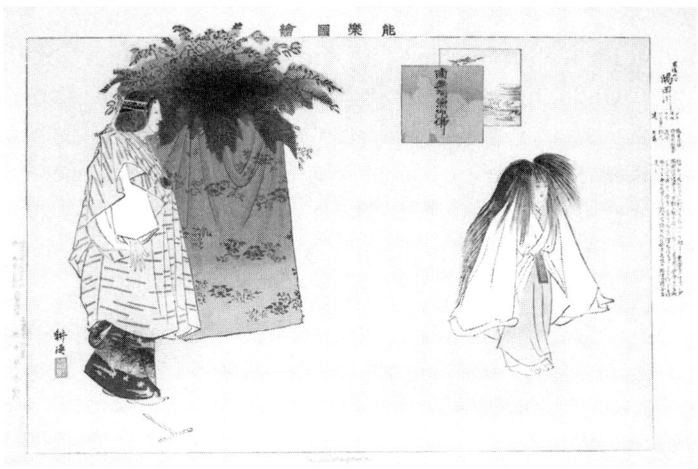

Tsukioka Kôgyo, *Sumidagawa*, aus der Serie *Bilder aus Nō-Aufführungen (Zue)*, 1893–1903, Farbholzschnitt.

Als Britten im Februar 1956 mit Pears eine Tournee durch Japan unternahm, besuchte er eine Aufführung von *Sumidagawa*:

> «Das Ganze machte enormen Eindruck auf mich: die einfache, berührende Geschichte, der sparsame Stil und die intensive Langsamkeit der Handlung, die große Kunst der Akteure, die alles beherrschten, die schönen Kostüme, die Mischung aus Sprechgesang, Rede und Gesang, die mit den drei Instrumenten diese seltsame Musik hervorbrachte – all das eröffnete mir eine vollkommen neue ‹Opern›-Erfahrung.
>
> Es gab keinen Dirigenten – die Musiker saßen auf der Bühne, ebenso der Chor, und die Hauptdarsteller kamen über eine lange Rampe herein. Die Beleuchtung war ganz bewusst vollkommen anders als im Theater. Die Besetzung war durchweg männlich, wobei der einzig weibliche Charakter eine erlesene Maske trug, jedoch keine Anstalten machte, die männlichen Züge darunter zu verbergen.»[28]

Von der Kraft *Sumidagawas* fasziniert, schufen Britten und sein Librettist William Plomer eine christianisierte Version, die in ihrer Handlung fast identisch war und viele Dialogzeilen übernahm, bis auf eine entscheidende Veränderung: Nō-Spiele hatten normalerweise ein glückliches Ende, wohingegen der im 15. Jahrhundert lebende Autor von *Sumidagawa*, Jūrō Motomasa, ein tragisches Moment des Verlustes an den Schluss setzte. In Brittens und Plomers christlicher Überarbeitung erscheint auf dem Höhepunkt des Stückes der Geist des entführten Sohnes der Wahnsinnigen und spendet ihr trotz der Tragödie seines Todes Trost, woraufhin sie in ein gemeinschaftliches Amen einstimmen kann.

> «Go your way in peace, mother,»

singt der Junge,

> «The dead shall rise again
> And in that blessed day
> We shall meet in heaven.
> God be with you all.
> God be with you, mother.»

Gottes Gnade heilt die Wahnsinnige von ihrem Wahn, wodurch Wiedergutmachung geleistet wird.

Die Entstehung von *Curlew River* spiegelt nicht nur den glücklichen Umstand von Brittens Japanreise und des dortigen Erlebnisses der *Sumidagawa*-Aufführung (die Anregung dazu kam, wie hier erwähnt werden sollte, von William Plomer, der in den 1920ern einige Jahre in Japan gelebt hatte), sondern auch sein Interesse an den Theater-Experimenten der ersten

Hälfte des 20. Jahrhunderts. Die Nō-Tradition wurde zuerst von W. B. Yeats und Ezra Pound (enge Freunde vor und während des Ersten Weltkriegs) für die Moderne fruchtbar gemacht: Pound übersetzte Nō-Spiele, und beide Dichter schrieben Stücke im Nō-Stil. Der junge Britten war sogar selbst am Rande in eines von diesen Nō-Projekten involviert, indem er 1938 dabei half, einen Gongspieler für Ezra Pounds Rezitation einer seiner Übersetzungen für das Mercury Theatre zu finden.

Ein frühes, von den Nō-Spielen abgeleitetes Musiktheater der westlichen Tradition war Bertolt Brechts und Kurt Weills *Der Jasager* (1930), eine Schuloper oder ein Lehrstück, das auf Arthur Waleys Übersetzung des im 15. Jahrhundert etwa zeitgleich mit *Sumidagawa* entstandenen Nō-Spiels *Taniko* basierte. Ein Junge, der darauf hofft, Medizin für seine kranke Mutter zu bekommen, reist mit einer Gruppe von Schülern über gefährliche Bergpässe; er wird schließlich selbst krank, opfert sich für die Gemeinschaft und lässt sich in den Abgrund werfen.

Der Jasager besitzt keine der populistischen Eigenschaften der *Dreigroschenoper*, des Brecht/Weill-Erfolgsstückes von 1928; aber beiden Stücken liegt dasselbe Interesse für ein didaktisches Theater zugrunde. Beide waren für Brecht Stationen, als er seine Ideen des epischen Theaters und des sogenannten Verfremdungseffekts entwickelte: Die distanzierende Wirkung, durch die sowohl das Publikum als auch die Schauspieler daran gehindert werden, sich vollkommen in der Geschichte zu verlieren. Das Ideal ist vielmehr das des bewussten und kritischen Beobachters. Die klassischen Brecht'schen Mittel, um das zu erreichen, sind etwa die direkte Anrede des Publikums, die Unterbrechung des Narrativs und – in direktem Kontrast zur Vierte-Wand-Orthodoxie des Theaters im 19. Jahrhundert, in dem sich der Zuschauer so fühlen soll, als belausche er die Realität – die Lenkung der Aufmerksamkeit auf den schauspielerischen Prozess selbst.

Auf den ersten Blick erscheint *Der Jasager*, ein kompromissloses Lehrstück zwischen Musiktheater und Agitprop, unendlich weit entfernt von *Curlew River*. Britten neigte mehr zum Movement Theatre der 1930er und zur französischen Tradition, die seiner viel früheren Oper, *The Rape of Lucretia*, basierend auf einem französischen Drama von André Obey, zugrunde lagen. *Die Dreigroschenoper* machte auf Britten wenig Eindruck, und der *Jasager* war in England erst nach der Entstehung von *Curlew River* zu sehen. Und doch spiegeln viele Themen von Brittens Arbeit die Bestrebungen, aus denen auch *Der Jasager* hervorging. Die politische Botschaft, die politischen Ziele und Strukturen mögen ins Religiöse gewendet sein, aber viele der schauspielerischen Maximen bleiben dieselben: das Einreißen der vierten Wand, die Unterbrechung des Narrativs, die Fokussierung auf den schauspielerischen Prozess.

Was Brittens eigene Tendenzen oder Überzeugungen auch gewesen sein mögen, er griff in seiner Arbeit immer wieder auf religiöse Rituale, Praktiken und Formeln als Rahmen zurück. In der Kammeroper *The Rape of Lucretia* (1947) zum Beispiel kommentieren der männliche und der weibliche Chor, christliche Figuren aus einer unspezifizierten Zukunft, das heidnische Geschehen, das im Mittelpunkt steht; sie werden jedoch auch in die Handlung miteinbezogen und verwischen so sichtbar die Grenzen zwischen Erzählung, Kommentar und Handlung.

Es waren jedoch vor allem die religiösen Rituale des Mittelalters, die immer wieder den Rahmen für Brittens Vokalwerke stellten, sowohl für die eindeutig theaterartigen Stücke als auch für jene, die sich schließlich in irgendeiner Form als dramatisch erweisen.[29] Nehmen wir ein frühes Meisterwerk wie das beliebte Weihnachtsstück *A Ceremony of Carols*, Vertonungen von Gedichten aus dem 14. und 15. Jahrhundert für Knabenchor und Harfe: Britten verwandelte sie in ein Ritual, indem er sie mit prozessionsartigen einstimmigen Gesängen, basierend auf dem gregorianischen Antiphon «Hodie Christus natus est», zum Ein- und Auszug umrahmte und ihnen den bezeichnenden Titel «Ceremony» gab. Das Mittelalter ist indirekt auch in Brittens *Canticle Two: Abraham and Isaac* präsent, ein Lobgesang für zwei Stimmen und Klavier, angelehnt an ein mittelalterliches Mysterienspiel; außerdem in seiner bis dahin ausgereiftesten Form in *Noye's Fludde*, einer Oper für Amateure und Kinder, die, wie auch *Canticle Two*, auf einem Text des Chester-Zyklus beruht.

Brittens Coup bei *Curlew River* – ein Coup, hinter dem auch sein Librettist Plomer voll und ganz stand – war die Entscheidung, *Sumidagawa* durch die Linse des mittelalterlichen Christentums zu betrachten. Damit konnten all die lange gehegten Bedenken Brittens angesichts eines fingierten, künstlichen Exotismus und oberflächlichen Japonismus umgangen und zugleich all die performativen Aspekte der echten Nō-Tradition, die für die moderne Theater-Ästhetik so reizvoll waren, innerhalb einer europäischen Szenerie bewahrt werden. Anstatt die Nō-Musik sklavisch nachzuahmen, bediente Britten sich einer kleinen, durch das Nō-Ensemble inspirierten Instrumentalgruppe, um eine einzigartige, aber gleichermaßen asketische Klangwelt zu schaffen, in der typisch westliche und typisch östliche Musikpraktiken, Timbres und Harmonieelemente miteinander verschmelzen. Das klingt aber nicht wie ein Pastiche, sondern wie eine neue und autonome Entwicklung in

Brittens Suche nach einer authentischen musikalischen Sprache.

Eine Prozession von Mönchen zieht durch den Bühnenraum – eine Kirche – und singt den mittelalterlichen Choral «Te lucis ante terminum»; der Abt kündigt an, dass die Gemeinschaft eine Geschichte darstellen wird, in der eine Frau durch Gottes Gnade gerettet wird. Der dramaturgische Rahmen der Klostergemeinschaft wird in der musikalischen Sphäre durch den Einsatz des gregorianischen Chorals aufgegriffen und verstärkt: Wie Britten uns erklärt, ist «Te lucis» die Quelle, «aus der, wie man sagen könnte, das ganze Stück hervorgegangen ist».[30] Und die erlösende Klimax wird musikalisch durch einen weiteren Hymnus, «Custodes hominum», erreicht. Die Mönche, welche die drei Hauptrollen spielen sollen – die Wahnsinnige, den Reisenden und den Fährmann –, werden «zeremoniell ausgestattet», indem sie Kostüme und Halbmasken anlegen (im Nō-Spiel ist nur eine Figur, die Wahnsinnige, voll maskiert). *Curlew River* ist demnach eine sehr besondere Exemplifizierung jener facettenreichen Neuerfindung des Theaters im 20. Jahrhundert, das uns mit seiner antirealistischen Stoßrichtung und moralischen Absicht ein Beispiel von Audens Parabel-Kunst liefert – «jene Kunst, die den Menschen lehren soll, Liebe zu *lernen* und den Hass zu *ver*lernen» –, und Brittens Musikdrama steht Brechts eigenem fernöstlichen Parabelstück *Der Gute Mensch von Szechuan* durchaus nicht nach.[31]

Um nun wieder auf das Thema Geschlecht und Identität zurückzukommen, wie entscheidend ist die Unmännlichkeit oder Weiblichkeit der Wahnsinnigen für *Curlew River*? Es handelt sich natürlich um eine Eigenheit der Theaterkonventionen, die Britten vom Nō-Theater übernahm und in ein christliches Mysterienspiel überführte.

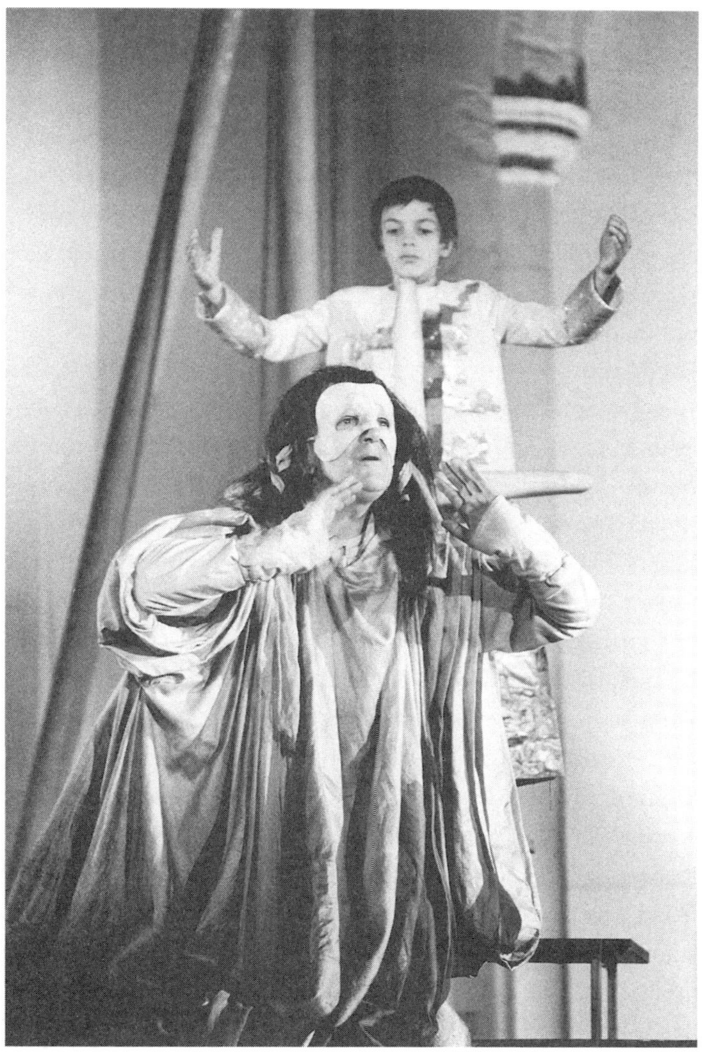

Peter Pears in Curlew River, 1964.

Das Thema der sexuellen Ambiguität in Brittens Schaffen kann einen leicht verwirren, und dies umso mehr durch die kritische Tradition der Fokussierung auf die Sexualität in Schriften über Stücke wie *Les Illuminations* (seine sinnenfreudige und spannungsgeladene Vertonung von Rimbaud für Streichorchester), *The Turn of the Screw* (wie die James-Novelle, die als Vorlage diente, in ein trübes, unheilvoll anmutendes Halbdunkel getaucht) und *Death in Venice* (viel zu oft missverstanden als päderastische Hymne mit Schwanengesang). Humphrey Carpenter, Brittens erster Biograph, schreibt, dass «das Nō-Spiel die Besetzung mit einem Sänger natürlich nahelegte, aber wie der Einsatz eines Countertenors als Oberon (in Brittens 1960 entstandener Shakespeare-Oper *A Midsummer Night's Dream*) deutet das auf eine unorthodoxe Sexualität hin».[32] Das trifft absolut nicht zu. Die Besetzung mit einem Sänger wurde durch das Nō-Original natürlich nicht einfach nur «nahegelegt», sondern war tatsächlich ein grundlegendes Charakteristikum des Nō-Theaters; und die Verkörperung der Wahnsinnigen durch einen Mann hat nichts mit «unorthodoxer Sexualität» zu tun. Carpenter schrieb zu einer Zeit, als im Zuge von Philip Bretts aufschlussreichen Schriften[33] die Erforschung der sexuellen Strömungen, die durch Brittens Werke fließen, verständlicherweise sehr in Mode war.

Brittens Freunde waren angesichts der Besetzung der Wahnsinnigen mit Pears besorgt, dass die Wirkung die einer «Pantomime Dame» (einer Art Travestie-Pantomime) sein könnte und das Ganze ins Lächerliche ziehen würde; dem war schon ein ähnlicher Fall vorausgegangen, seit Britten für Pears schrieb. Nur drei Jahre vor *Curlew River* würzte die von Shakespeare stammende komödienhafte Cross-Gender-Besetzung die traurige Geschichte des tragischen Liebespaares Pyramus und

Thisbe in der zuvor bereits erwähnten Oper *A Midsummer Night's Dream*. Der Komponist bedient sich der schwankenden Falsettstimme von Flaut, dem Bälgenflicker – gesungen von Peter Pears – für den tragisch-komischen Effekt in Flauts lächerlicher Darstellung der Thisbe; und wirft man einen Blick auf die Fotografien der ersten Inszenierung, dann sieht man gleich, dass Pears komödienhafte Darstellung auf Stereotypen komischer Nachahmungen weiblicher Figuren zurückging. Die Parodie der unangefochtenen Belcanto-Diva Joan Sutherland fand beim Publikum Gefallen. Mit ihren Anklängen an Donizettis Heldinnen und dem Einsatz der Flöte als Indikator für geistige Verwirrung unterstreicht die Musik Sutherlands geisterhafte Präsenz. Die Flöte ist das bestimmende Timbre der Instrumente des Nō-Ensembles, und so dürfte ihre Rolle hier kaum ein Zufall sein.

Aber die Wahnsinnige in *Curlew River* ist eben keine Parodie einer Frauenrolle, und es ist nichts Komisches oder sexuell Unorthodoxes an ihr. Die Sexualität kommt gar nicht vor. Brittens Faszination für *Sumidagawa* war vor allem eine Reaktion auf dessen «weihevolle Hingabe», und er bemerkte, dass «der einzig weibliche Charakter im Stück, der eine erlesene Maske trug, keine Anstalten machte, die männlichen Züge darunter zu verbergen». Das Nō-Theater, dem *Curlew River* entsprang, ist etwas ganz anderes als Kabuki, die aufgrund der Onnagata (Männer, die weibliche Rollen spielen) im Westen vielleicht bekannteste japanische Theaterform. Kabuki und Nō sind beide sehr stilisiert, aber während sich Nō durch Nüchternheit und Ruhe, Langsamkeit und allgemeine Kargheit auszeichnet, ist Kabuki glamourös und überbordend. Zwar begeisterte sich Britten auf eben jener Reise 1956, die ihn mit dem Nō-Theater bekannt machte, auch für Kabuki-Aufführungen, er griff je-

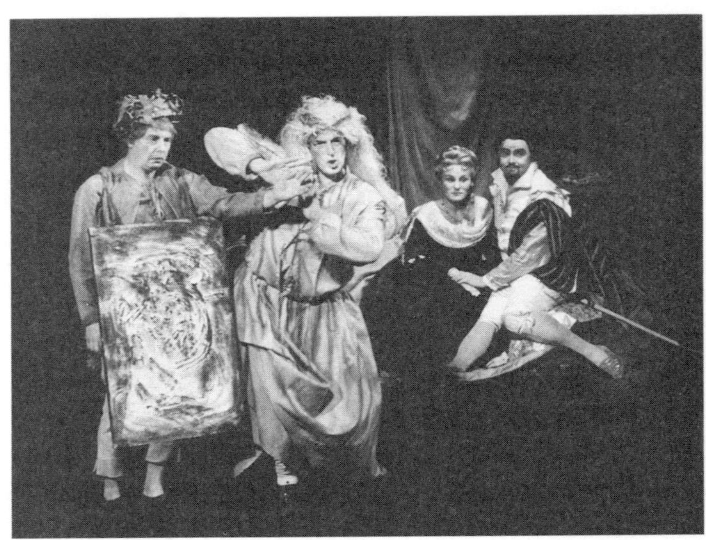

Szenenfoto aus Benjamin Brittens Oper *A Midsummer Night's Dream*, 3. Akt, das Spiel der Handwerker, Holland Festival, Juli 1960. Von links, die Wand/Schnauz (Edward Byles), die Thisbe/Flaut (Peter Pears) einen Spalt gewährt, durch den sie spricht. Die beiden Darsteller, die rechts davon sitzen, sind Helena (Joan Carlyle) und Demetrius (Thomas Hensley). Fotografie von Maria Austria, 1960.

doch erst in seiner dritten Parabel, *The Burning Fiery Furnace*, mit ihrem selbstbewussten theatralischen Kontrast zwischen Extravaganz und Strenge auf Kabuki-Einflüsse zurück.

1919 wurde eine Kabuki-Version von *Sumidagawa* gezeigt, und hier sorgten die gegenläufigen Strömungen von West nach Ost und Ost nach West für einige Verwirrung. Pounds Übertragung des Nō-Stils war in Teilen durch einen japanischen Tänzer, Michio Ito, mit ausgearbeitet worden, der bei Dalcroze, dem Erfinder der Eurythmie, studiert hatte; Diaghilew hatte seine Tänzer auf *Le Sacre du Printemps* vorbereitet, indem er sie Kurse von Dalcroze besuchen ließ. Die 1919 entstandene

Kabuki-Version von *Sumidagawa* war von Diaghilews *Ballets Russes* inspiriert, die der Kabuki-Darsteller Ichikawa Ennosuke II auf seiner Studienreise durch Europa gesehen hatte. Als Bewegungscoach für *Curlew River* stand Britten Claude Chagrin zur Seite, die in der französischen Pantomimenschule ausgebildet worden war, welche wiederum durch japanische Aufführungsstile geprägt war.

Die Ästhetik, welche der Herausbildung einer idealisierten, essentialisierten und exotischen Form der weiblichen Identität im Kabuki zugrunde liegt, hat wenig oder gar nichts mit der Wahnsinnigen in *Sumidagawa* oder Brittens Kirchenparabel zu tun. «Die Onnagata perfektionierten die Fähigkeit, viele Stunden am Tag einen hohen Falsetto hervorzubringen, und zwar ihr ganzes Leben lang», schreibt ein Kabuki-Kommentator, Ronald Cavaye. «Über viele Jahre hinweg und mit zahllosen feinen Alterationen und technischen Verfeinerungen entwickelten die Onnagata eine Darstellungsart, die zwar sehr stilisiert, jedoch auch so überzeugend war, dass sie als *wirkliche Frauen* wahrgenommen werden konnten.»[34] Während Kommentatoren in neuerer Zeit die Stilisierung der Onnegata-Darstellung hervorhoben, die Idee essentieller Weiblichkeit infrage stellten und auf den paradoxen Einfluss von Onnegata-Stilen auf weibliche Schönheitsideale im Allgemeinen hinwiesen, bleibt es doch dabei, dass Sinnlichkeit und Sexualität im Zentrum der Onnegata-Praxis standen.

Das Nō-Theater ist weit entfernt von all dem. In *Curlew River* liegt die Darstellung der trauernden Mutter durch einen unverkennbar männlichen, maskierten Sänger in Brittens Hinwendung zu den Praktiken und Bestrebungen des 20. Jahrhunderts begründet: die Performativität des Theaters zu verstärken, vom Realismus abzurücken und sich ganz generell die Doktrinen des Formalismus und einer Art emotionaler Loslösung, der Verfremdung, zu eigen zu machen. Diese Strömungen wurzeln tief in der Musik- und Theaterkultur des 20. Jahrhunderts, und irritierenderweise verändern sie sich unablässig und laufen in verschiedene Richtungen. Aber durch den Ersten Weltkrieg verankerte sich eine Art emotionale Zurückhaltung, die mit einer Verdammung der in der romantischen Kunst vielfach vorherrschenden Empfindsamkeit einherging; mit dem Verschwinden des Stummfilms und dem neuen fesselnden Realismus der Tonfilmära geriet die Live-Aufführung unter Druck, performativer, andersartiger, weniger real zu sein.

Als wir das Stück 2013, etwa 50 Jahre nach der Premiere von *Curlew River*, zu Brittens 100. Geburtstag aufführten, taten wir das ohne Masken und Gebärden, gewissermaßen ohne Nō-Theater. Die Aufführung fand im Rahmen der Britten-Feierlichkeiten des Londoner Barbican Centre in einer mittelalterlichen Kirche, St. Giles-without-Cripplegate, statt, eingebettet in die brutalistische Modernität des Barbican und umgeben von Wasser. Die Produktion des Regisseurs Netia Jones bediente sich groß angelegter Videoprojektionen. Ich interpretierte die Wahnsinnige, wie ich auch jede andere Rolle im klassischen Musiktheater interpretiert hätte, hin und her wechselnd zwischen formell und informell, distanziert und involviert, zwischen realistisch, expressionistisch und rituell. Das ist die postmoderne Art klassischen Musiktheaters, ein gesunder und sich alles zu eigen machender Eklektizismus, der die Theorien der Vergangenheit in sich aufnimmt, sich aber vor jeder dominierenden Theorie hütet.

Diesem Prozess der eklektischen Beschäftigung mit dem Stück folgend, haben wir die Genderfrage in der Produktion nicht extra hervorgehoben, sondern sie sozusagen laufen lassen. Letztlich handelt es sich nicht um eine führende Tenorrolle, die sich in das hypermaskuline Erbe des Opern-Mainstreams einfügt; und wenn ich meinen Part sang, kam mir das Spiel mit der Geschlechterimitation auch gar nicht in den Sinn, geschweige denn, dass es meine Stimme oder meine Bewegungen beeinflusste. Mein Kostüm war ganz bewusst nicht geschlechtsspezifisch, weder männlich noch weiblich. Wenn ein Tenor ohne den ganzen Nō-Apparat die Wahnsinnige darstellt, dann fördert das den grundlegenden Aspekt der Distanzierung, verstärkt aber zugleich die Wirkung im emotionalen Zentrum des Stückes: Hier steht nicht nur eine Mutter, sondern ein Elternteil, nicht unbedingt eine Frau, sondern einfach ein Mensch. Man muss sich nur vorstellen, wie anders das Stück geworden wäre, wenn Britten es für einen Sopran und nicht für einen Tenor geschrieben hätte. Am Ende geht es um das Erzählen einer Geschichte, und so sind alle Bemühungen, Gefühle zu beschränken und zu kontrollieren – wie die Besetzung der Rolle der Mutter mit einem Mann –, letztlich paradoxerweise Mittel, um die Kraft der Geschichte zu verstärken und das Publikum mitzureißen. Geschlechterrollen werden verwischt und schlussendlich transzendiert.

Ich habe mich mit Brechts Theaterstück *Leben des Galilei* intensiv beschäftigt, als ich in meiner Teenagerzeit Deutsch lernte; und damals, in den 1980er Jahren, sah ich am National Theatre in London einen großen Theaterschauspieler, Michael Gambon, in dieser Rolle auf der Bühne. Und trotz all der Proteste, die Brecht dagegen erhob, berührt uns Galilei – was eben gerade durch Brechts Theorien des Epischen Theaters, aber auch auf andere Weise geschieht. *Curlew River* ist die gleiche Art von Stück, und seine Ursprünge in Experimenten des 20. Jahrhunderts und japanischen Einflüssen verschmelzen im

Hintergrund, als wäre es, wie das bei den besten Kunstwerken der Fall ist, von den Umständen seiner Entstehung, von seinem Schöpfer und dessen Anliegen befreit, um sein eigenes Leben zu finden. Die Wahnsinnige in *Curlew River* sind wir alle (Tafel 2).

2

Verborgene Geschichten

Ventriloquismus und Identität in Ravels *Chansons Madécasses*

«Es ist niemals ein Dokument der Kultur, ohne zugleich ein solches der Barbarei zu sein.»
Walter Benjamin[1]

Als Sänger brachten meine Auftritte unausweichlich Identitäts- und Performativitätsfragen mit sich. Diese kamen mit den Rollen, die ich auf der Bühne spielte, und tatsächlich auch beim Singen von Kammermusikwerken wie den Liedern von Schubert und Schumann. Wenn man als Sänger auftritt, dann nimmt man eine Stimme an, aber bis zu welchem Grad ist diese Stimme Deine eigene? Oder die des Komponisten? Oder die des Dichters oder Librettisten? Und inwieweit bringt das Musikstück, das Du interpretierst, eine stille, manchmal unterschwellige Geschichte mit sich, die vielleicht Fragen aufwirft, welche im Konzertsaal selten gestellt werden können?

Wie Antonio Gramsci es in seinen *Gefängnisheften* bekanntermaßen formulierte: «Der Anfang der kritischen Ausarbei-

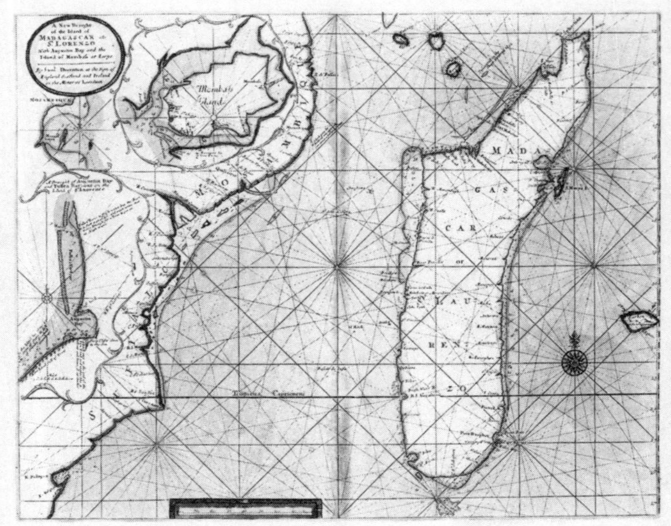

Samuel Thornton, «Eine neue Zeichnung der Insel Madagaskar oder St. Lorenzo, mit der Augustin Bay und Mombasa Island im Ganzen», aus *The Sea-Atlas: Containing an Hydrographical Description of most of the Sea-Coasts of the Known Parts of the World* (1702–1707).

tung ist das Bewusstsein dessen, was wirklich ist, das heißt ein ‹Erkenne Dich selbst› als Produkt des bislang abgelaufenen Geschichtsprozesses, der in einem selbst eine Unendlichkeit von Spuren hinterlassen hat, übernommen ohne Inventarvorbehalt.»[2] Das ist der springende Punkt meiner Untersuchungen hier – verschiedene Facetten von Werken klassischer Musik zu betrachten, eine kritische Ausarbeitung vorzunehmen und ein Inventar zu erstellen.

Maurice Ravels zwischen 1925 und 1926 entstandene *Chansons Madécasses* (Madegassische Lieder) sind mittlerweile kanonischer Bestandteil des klassischen Repertoires. Der Zyklus besteht aus drei Liedern, gesetzt für die ungewöhnliche Kombination von Stimme, Cello, Flöte und Piano. Für den Sänger stellt er eine technische Herausforderung dar, wird jedoch oft konzertant aufgeführt und wurde schon vielfach aufgenommen, angefangen bei der Einspielung von Ravel selbst, 1931, mit der Mezzo-Sopranistin Madeleine Grey. Einige der größten Sänger des 20. Jahrhunderts – Dietrich Fischer-Dieskau, Jessye Norman, Janet Baker, Gérard Souzay – sangen den Zyklus auf der Bühne und nahmen ihn auf.

Dennoch konzentrierten sich Konzertprogramme, Plattencover und CD-Booklets im letzten Jahrhundert fast nur auf ästhetische Aspekte, ohne sich mit der ambivalenten Textur oder den außergewöhnlichen Wurzeln des Stückes zu beschäftigen. Die jüngsten Bemühungen, den Kanon zu hinterfragen, zu erweitern und zu dekolonisieren, sind in diesem Zusammenhang bedeutsam. Dekolonisierung bedeutet nicht nur, neue und zuvor noch nicht gehörte Musik zu integrieren, sondern auch Fragen zu den im Kanon bereits existierenden Werken zu stellen und jenes Inventar anzulegen, von dem Gramsci spricht.

Ravels Lieder wurden von einem Pariser komponiert, der nie auf Madagaskar war und, soweit es ihn betraf, nur ein imaginiertes Madagaskar vor Augen gehabt haben konnte. Aber natürlich müssen wir als Interpreten nach den historischen Beziehungen zwischen Frankreich und Madagaskar fragen, anstatt Madagaskar einfach als einen abstrakten und exotischen Ort, eine Märchenlandschaft zu betrachten. Wie ich zeigen möchte, ist das, was unter der Oberfläche verborgen ist, eine hochkomplexe politische Geographie, eine Geschichte von Machtverhältnissen, Gewalt und davon, wie die Europäer das «Andere» wahrnahmen.

Die Texte der drei Lieder, welche zusammen den Zyklus der *Chansons Madécasses* bilden, stammen aus einem umfangreicheren Band mit Prosagedichten des im 18. Jahrhundert geborenen Autors Évariste de Parny, der wie eine Art Bauchredner vorgibt, die Stimmen einheimischer Inselbewohner sprächen aus seinen Werken. Wie wir sehen werden, hegte Évariste de Parny, anders als Maurice Ravel, eine enge persönliche und historische Beziehung zur Insel Madagaskar, das damals, als Parny schrieb, eine Reihe von Kolonisierungsversuchen seitens europäischer Mächte überstanden hatte. Erst in den 1890ern erlag die Insel der französischen Eroberung. Madagaskar war und ist einzigartig: Als viertgrößte Insel der Welt, mit einer ökologisch einmaligen Flora und Fauna, als Bindeglied zwischen kulturellen Einflüssen und Populationen – austronesische, arabische, ostafrikanische – und als Matrix hochkomplexer und differenzierter sozialer und politischer Systeme. Am Ende wurde es als einer der letzten Akte des sogenannten Wettlaufs um Afrika dennoch ganz und gar vom französischen Staat geschluckt. Als Ravel seine Lieder zu Parnys Texten komponierte, hatte sich die Bedeutung Madagaskars in der französischen Vorstellung gewandelt. Die kolonialen Projekte des 17. und 18. Jahrhunderts unterschieden sich erheblich von jenen des imperialistischen Zeitalters um 1900. Und mit Beginn der 1920er Jahre war der Kolonialismus in Frankreich selbst zum Schauplatz politischer Kontroversen zwischen der Linken und der Rechten geworden. Die *Chansons Madécasses* wurden in einem aufgeheizten Moment der französischen Kolonialgeschichte geschrieben, und bei ihrer Uraufführung wurden sie tatsächlich als ein provokatives politisches Statement aufgenommen – was in heutigen Konzertveranstaltungen häufig vergessen wird.

Die Chansons Madécasses werden oft als schön und exotisch beschrieben, verbunden mit jener – um wieder auf Gramsci zurückzukommen – «uninventarisierten» Vorstellung des Exotischen, die aus der Geschichte europäischer Fantasien von nichteuropäischen Kulturen hervorging. Wie ich bereits erwähnt habe, besteht das Werk aus drei Liedern. Das erste und dritte entfalten tatsächlich einige der exotisierenden Attitüden, derer sich Ravel zuvor bereits in seinem berühmten Orchesterlied *Shéhérazade*, inspiriert von der Welt aus *Tausendundeine Nacht*, bedient und die er zum Teil durch Übersteigerung persifliert hatte. Die Popularität dieses Textes in Europa lag im undifferenzierten «Othering» nicht europäischer Kulturen begründet. Die musikalischen Motive, die der Orientalismus der klassischen Musik Europas einimpfte, waren von den tatsächlichen musikalischen Praktiken jener Kulturen losgelöst, wurden jedoch im Westen durch fetischisierte Modifikationen der europäischen Harmonietradition bestimmt, was der Musikwissenschaftler Ralph Locke in seinem Werk klar gezeigt hat.[3] Es ist ein weites und komplexes Feld. So soll hier nur gesagt werden, dass Ravel im ersten und dritten Lied des *Madécasses*-Zyklus mit atemberaubender Originalität eine deutlich von der Vorliebe des frühen 20. Jahrhunderts für nichteuropäische Texturen geprägte Klangwelt mit einem allumfassenden *Affekt* verschmilzt, der in seiner trägen Sinnlichkeit und intensiven Erotik gleichwohl exotisierend bleibt.

Aber das zweite Lied der *Madécasses*, um das es mir hier eigentlich geht, erweist sich als ganz anders: Es ist schroff und knallhart, und in seiner nüchternen Vertonung schmettert es den Sinnestaumel der gängigen musikalischen Motive des Exotismus ab.

Die Worte und Klänge dieses Liedes sind weit davon entfernt, europäischen Zuhörern eine behagliche Fantasie zu eröffnen. Mit der imaginierten Stimme eines Madegassen oder einer Madegassin gesprochen, beginnt der Text mit dem Aufruf «Méfiez vous des blancs», hütet Euch vor den Weißen, und er endet mit der Erklärung, dass europäische Invasoren in Madagaskar nicht willkommen sind und allesamt vertrieben wurden.

Der Text ist ein antikolonialistischer Schrei nach Freiheit, was jedoch komplex ist, weil er nicht von einem Madegassen, sondern von einem französischen Kolonialisten geschrieben wurde, der auf der nahegelegenen Île Bourbon (heute Réunion) von Hausklaven größtenteils madegassischer Herkunft großgezogen wurde, einem Mann, dessen Vermögen sich außerdem auf einen Warenhandel gründete, für den sich meist versklavte Menschen aus Madagaskar abplagten.

Wo kam dieser Schrei 1787 also her, und was konnte er bedeutet haben, als Ravel Mitte der 1920er seine Vertonung schuf? Ich möchte damit beginnen, Madagaskar, die gescheiterten französischen Versuche, es zu kolonisieren, und die Beziehung des Dichters Évariste de Parny zu Madagaskar und seinen Bewohnern näher zu betrachten.

Madagaskar ist eine riesige, 400 Kilometer vor der Ostküste Südafrikas gelegene Insel von 1600 km Länge und 570 km Breite. Seit zig Millionen von Jahren ökologisch isoliert, wurde sie im 5. Jahrhundert vor Christus von Reisenden aus Ostasien zum ersten Mal besiedelt. In der Folgezeit entwickelte sie sich zum Knotenpunkt der komplexen Interaktion zwischen afrikanischen, arabischen und austronesischen Kulturen. Bereits im 17. Jahrhundert konnte Madagaskar auf eine lange Geschichte des Handels sowohl mit dem afrikanischen Festland als auch mit der Arabischen Halbinsel zurückblicken – vor allem mit

Sklaven, die während gegenseitiger Angriffe der verschiedenen Königreiche auf der Insel gefangen genommen wurden. Jedoch war es die Erschließung der europäischen Märkte zu dieser Zeit, die es den verschiedenen Königreichen Madagaskars ermöglichte, ihren Wohlstand und ihre Macht zu festigen. Wie ein Historiker es in neuerer Zeit formulierte:

> «Während des 17. Jahrhunderts entstanden in mehreren Regionen der Insel Monarchien mit sehr ausgedehnten Herrschaftsbereichen, vor allem an Orten, wo Könige in der Lage waren, eine höhere Ideologie der Monarchie mit einer stärkeren kommerziellen Rolle zu kombinieren, die teilweise das Ergebnis wachsenden Handels mit den Europäern war. Der Aufstieg jener mächtigen Königreiche ließ das 17. Jahrhundert zum Wendepunkt in Madagaskars Geschichte werden.» [4]

Die Insel Madagaskar war seit Beginn des kolonialen Unternehmens, das im 15. Jahrhundert mit den portugiesischen Eroberungen anfing, das Objekt europäischer Begierde und Gegenstand westlicher Fantasien. Sie war als Stützpunkt auf dem Weg nach Ostindien, aber auch als Ort für eine lukrative Niederlassung sehr begehrt. Die Briten waren natürlich scharf auf sie. Sir Thomas Herbert nannte Madagaskar 1658 die «Herrscherin der Inseln», während Admiral Sir William Monson 1650 die Ansicht vertrat, sie könne den englischen Plantagen in Virginia durchaus Konkurrenz machen. Prinz Ruprecht von der Pfalz träumte in den 1630er Jahren von der Eroberung der Insel, was seine Mutter, die im Exil lebende Königin von Böhmen, zärtlich als seine «Madagaskar-Romanze» bezeichnete, «...wie eine von Don Quijotes Eroberungen».[5] Die englischen Bestrebungen zur Kolonisierung der Insel manifestierten sich auch in van Dycks Porträt des Earl of Arundel mit seiner Gattin. Beide deuten auf einen Globus, auf dem Madagaskar prominent hervorsticht (Tafel 3).

Keines der englischen Vorhaben konnte letztlich realisiert werden, aber in den 1640er Jahren schmiedeten die Franzosen den Plan, «die Insel in Besitz zu nehmen, sich dort niederzulassen und Handel zu treiben».[6] Unter der Schirmherrschaft von Kardinal Richelieu entsandte die Compagnie Françoise de l'Orient einen gewissen Jacques Pronis, um dieses Ziel zu verfolgen. Auf seinem Weg landete er auf einer der Maskareneninseln, erklärte diese zu französischem Besitztum und taufte sie auf den Namen Île de Bourbon (heute Réunion genannt). Auf eben jener Insel wurde, wie wir sehen werden, etwa ein Jahrhundert später Parny, der Dichter der *Chansons Madécasses*, geboren. Pronis gründete schließlich im Süden Madagaskars eine Niederlassung, die er Fort Dauphin nannte.

Pronis Vorhaben wurde durch Konflikte zwischen den ständig fieberkranken Siedlern untereinander, aber auch zwischen Siedlern und indigenen Madegassen unterminiert, die in Wut gerieten, als Pronis heimtückisch 63 friedliche Einheimische als Sklaven an den niederländischen Gouverneur des nahegelegenen Mauritius verkaufte. Aufgrund einer versuchten Rebellion sah sich Pronis veranlasst, etwa ein Dutzend Meuterer auf die Île Bourbon zu verbannen – ein ungünstiger Beginn der französischen Besiedlung dieser Insel. In Paris waren die Teilhaber der Compagnie indessen beunruhigt und sandten einen Vertreter aus ihren Reihen, Étienne de Flacourt, um für Ordnung zu sorgen und «den Ruhm des Namens Frankreich und der christlichen Frömmigkeit zu begründen»[7] – und jene religiöse Motivation hatte beträchtlichen Anteil an den Anstrengungen zur Unterwerfung Madagaskars.

Flacourts Mission in Fort Dauphin war ein Misserfolg, der

Berühmtheit erlangte aufgrund der schrecklichen Gewalt, die er der Bevölkerung antat, und aufgrund des letzten Endes erfolgreichen Widerstands der Einwohner trotz der Überlegenheit der französischen Waffen. Innerhalb von zwei Jahren plünderten Flacourt und seine Männer über 50 Dörfer und brannten sie nieder; aber das tägliche Leben der französischen Siedler dort war dennoch von Hunger, Fieber und endlosen Konflikten geprägt. Für die Compagnie in Paris waren die Erträge dürftig und die Prognosen für zukünftige Einkünfte permanent rückläufig. 1674 verließen die Franzosen schließlich schmählich ihre Niederlassung. Ein bleibendes Ergebnis waren immerhin zwei wichtige Bücher Flacourts über die Geschichte und Naturkunde der Insel. Wie wir sehen werden, hinterließ er auch ein Marmormonument mit einer Inschrift als Dokument seiner Misserfolge und als Warnung an andere.[8]

Trotz dieses Desasters hielt die Faszination der Franzosen für die großartige Insel Madagaskar durch das 17. Jahrhundert hindurch bis ins 18. Jahrhundert hinein an und trieb mehr oder weniger fantastische Auswüchse. Der Handel mit den Königreichen der Insel setzte sich fort und damit auch die visionären Pläne zur Eroberung und Besiedlung.

Zwischen 1768 und 1771 startete ein Briefpartner Voltaires, der Comte de Maudave, ein für seine Aufgeklärtheit gepriesenes koloniales Unternehmen, dessen Ziel es war, mit dem madegassischen Volk zu kooperieren und den Sklavenhandel abzuschaffen. Es endete mit Spannungen zwischen Franzosen und Madegassen, Geldproblemen, Fieber und einem verlogenen Spektakel, in dem Maudave hundert versklavte Menschen abgriff, um seine eigenen Plantagen auf der «Île de France» (Mauritius) zu bewirtschaften, jener Insel, die sich an die Île de Bourbon anschloss.

1773 sollten mit französischer Hilfe weitere Vorhaben zur Eroberung Madagaskars durch den münchhausenesken Graf von Benjowski, einen Luftschlösser bauenden polnisch-ungarischen Abenteurer, realisiert werden. Als die alte Geschichte von Fieber und Auseinandersetzungen mit den Einheimischen, wie vorherzusehen war, jede Aussicht auf eine erfolgreiche Kolonisierung zunichtemachte, entzogen ihm die Franzosen jedoch ihre Unterstützung. Zwei Inspektoren der Regierung kamen zu dem Ergebnis, dass es das Beste sei, «jegliches Vorhaben zur Gründung einer Kolonie auf einer Insel, die seit jeher für so viele Franzosen zum Grab geworden war, aufzugeben». Der Handelsposten wurde 1779 geschlossen, und als Benjowski 1784 sein Unternehmen als «europäischer Generalbevollmächtigter» für Madagaskar – mit der vorgeblichen Unterstützung des österreichischen Kaisers und zwei Sklavenhändlern aus Baltimore – weiterführen wollte, wurden zugleich französische Truppen entsandt, um dem Chaos ein Ende zu setzen. Sie griffen den unglücklichen Grafen im Mai 1786 an und erschossen ihn, nur ein Jahr vor der Publikation von Évariste de Parnys *Chansons Madécasses* und deren kraftvoller Evokation des Widerstands der einheimischen Inselbewohner gegen die europäischen Eindringlinge: «Méfiez vous des blancs» («Hütet Euch vor den Weißen»). Die Insel Madagaskar entzog sich bis ganz zu Ende des 19. Jahrhunderts beharrlich der Kolonisierung.[9]

⸙

Viele der französischen Möchtegern-Kolonisten der fehlgeschlagenen Fort-Dauphin-Besiedlung auf Madagaskar zogen 1674 ab und ließen sich auf der Île Bourbon, einer der 800 Kilometer von Madagaskar entfernten Maskareneninseln, nieder. Zu Beginn des 18. Jahrhunderts zählte sie noch immer nur 1100 Einwohner und war weitgehend unerschlossen.

Ein Zustrom ehemaliger Piraten änderte das grundlegend (die Piraterie war in dieser Gegend sehr verbreitet). Um 1710 stellten sie stolze 48 Prozent der Bevölkerung. Viele von ihnen waren wohlhabend und brachten Sklaven von Madagaskar und Ostafrika auf die Île Bourbon, wo diese das Land für den Ackerbau rodeten. Die Französische Ostindienkompanie erhob erneut Ansprüche, pflanzte Kaffee an und erntete um die Mitte des 18. Jahrhunderts jährlich bis zu zweieinhalb Millionen Pfund. «Nichts ist schöner», erklärte Gouverneur Dumas den Direktoren der Company 1728, «als Kaffeeplantagen, die sich bis zur Unendlichkeit erstrecken». Die Sklaverei wurde 1723 durch eine für den Indischen Ozean angepasste Version des westindischen «Code Noir» formal geregelt.[10]

Die Bevölkerung auf der Insel wuchs rasant und erreichte gegen 1764 eine Zahl von Zwanzigtausend. Wie der Ökonom Thomas Piketty in seiner bedeutenden Studie «Kapital und Ideologie» unlängst hervorhob, war das französische Sozialsystem, so wie es etwa auf der Île Bourbon übernommen wurde, einzig und allein auf die Sklaverei und die Warenproduktion für den internationalen Markt ausgerichtet. Schon vor den europäischen Aktivitäten im Indischen Ozean gab es in dieser Region Sklavenhandel; aber die kapitalistische Dynamik des 18. Jahrhunderts trieb ihn auf ein zuvor nie dagewesenes Level. Die Bevölkerung der Île Bourbon bestand zu einem bis dato unerreichten Anteil aus Sklaven: 80 Prozent oder 15 800 Sklaven gegenüber 4200 freien Männern im Jahre 1764, als Évariste de Parny, der Autor der *Chansons Madécasses*, 11 Jahre alt war. Am Vorabend der Französischen Revolution

1789 war in den französischen Inselkolonien, im Osten und im Westen, die höchste Dichte an versklavten Menschen der euroamerikanischen Welt zu verzeichnen. Um 1780 zählten sie insgesamt etwa hunderttausend.[11]

Siedler brachen auf zur Île Bourbon, um dort ihr Glück zu machen. Ein Notar schätzte die Kapitalrendite 1756 auf 10 Prozent jährlich, verglichen mit kargen 5 Prozent im Mutterland Frankreich. Benoît Dumas, der 1727 als Gouverneur auf die Insel entsandt wurde, erzielte sagenhafte Gewinne und verdoppelte sein Vermögen in weniger als acht Jahren.[12]

Auf eben jener Insel, Paradies und Gefängnis, wie er sie nannte, kam Évariste de Parny am 6. Februar 1753 zur Welt. Um die Zeit seiner Geburt begannen sich die Geschicke auf der Insel durch einen Absturz der Kaffeepreise zu wenden, da Bohnen aus der französischen Karibik und Niederländisch-Java den globalen Markt eroberten. Die Flächenzerstückelung aufgrund der französischen Erbregelungen und eine Folge von Naturkatastrophen – Zyklone und eine Blattlausplage – verstärkten den wirtschaftlichen Druck noch.

Die Familie Parny war Nutznießer der raschen Entwicklung von Reichtum gewesen, welche die sklavenbasierte Wirtschaft in einer Zeit ermöglichte, in der allein der Handel die Globalisierung vorantrieb. Sein Großvater, Pierre Parny, ein Bäcker, kam 1698 als Teil der Entourage des neuen Gouverneurs auf der Insel an. Er heiratete Barbe, die Tochter von François Mussard, einem wohlhabenden Unternehmer und berüchtigten Sklavenjäger. Pierre selbst galt als «grausam bis hin zur Barbarei gegenüber seinen schwarzen Sklaven» und seine Frau nicht weniger. Ihr jüngster Sohn Paul, Évaristes Vater, wurde 1717 geboren; in Frankreich ausgebildet, kämpfte er in Indien gegen die Briten und starb nach seiner Rückkehr auf der Île Bourbon

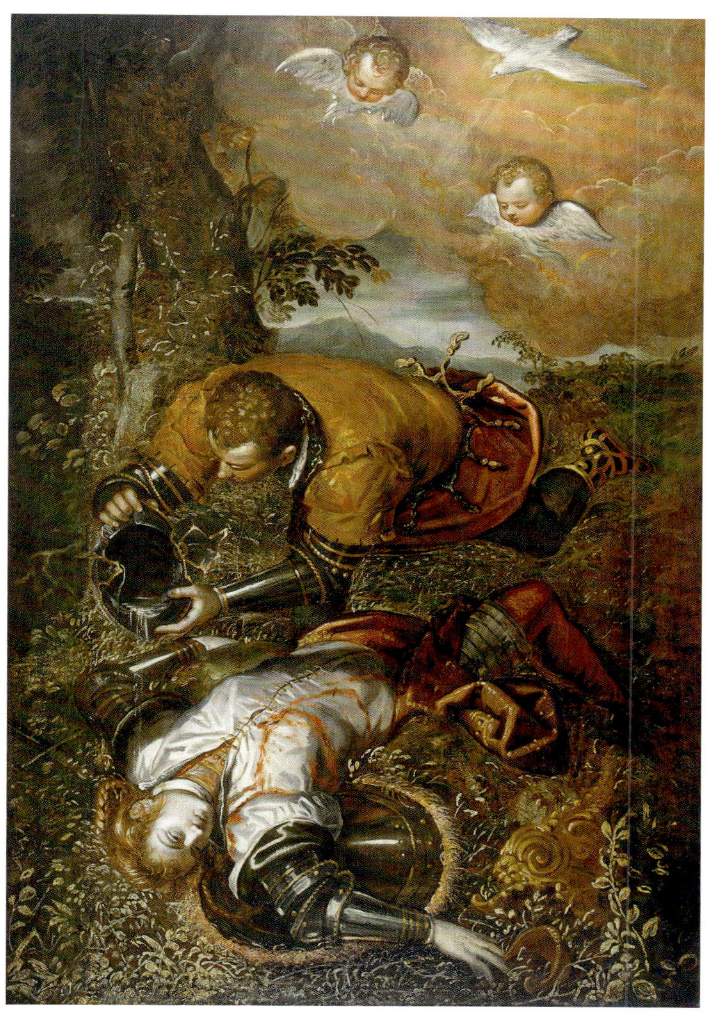

Domenico Tintoretto, *Tancredi tauft Clorinda*, 1586–1600. Öl auf Leinwand.

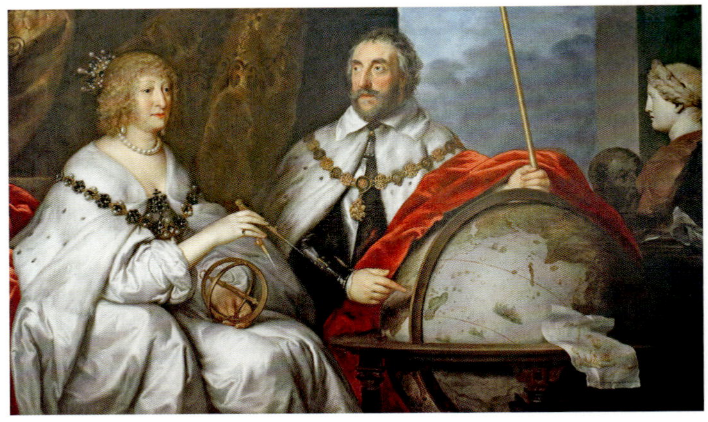

Anthonis van Dyck, *Thomas Howard Graf von Arundel und seine Frau Alathea Talbot*, 1639/1640. Öl auf Leinwand.

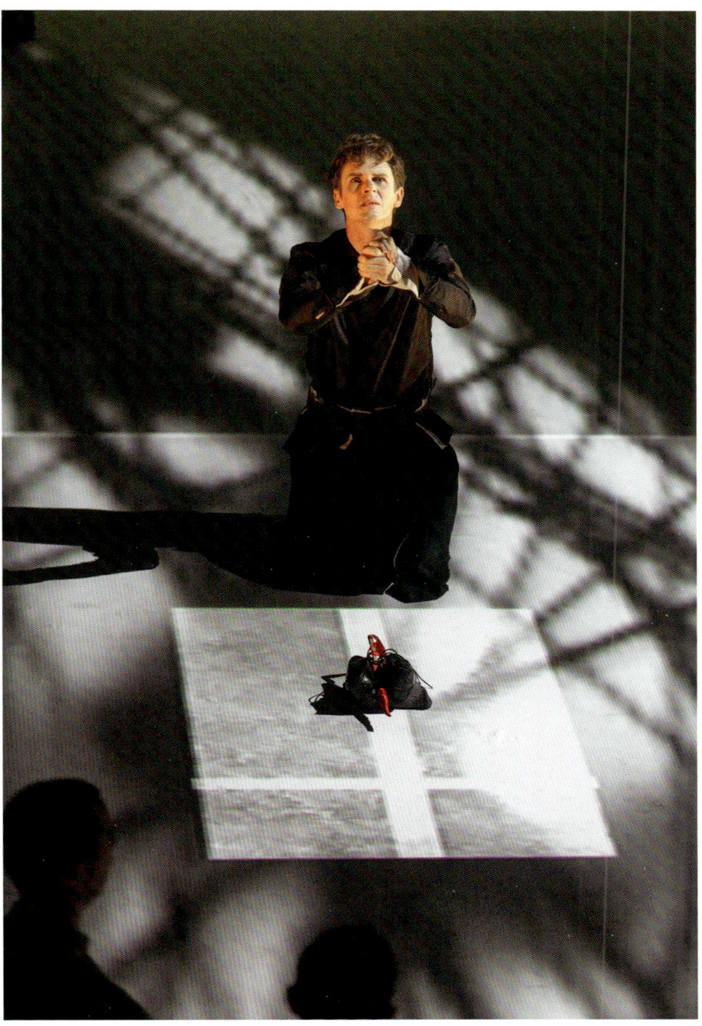

«Bist du es, mein Kind?» Produktionsfoto der US-Premiere von Benjamin Brittens *Curlew River*, aus dem Synod House, Cathedral of St. John the Divine, New York City, 26. Oktober 2014, mit Ian Bostridge als Madwoman.

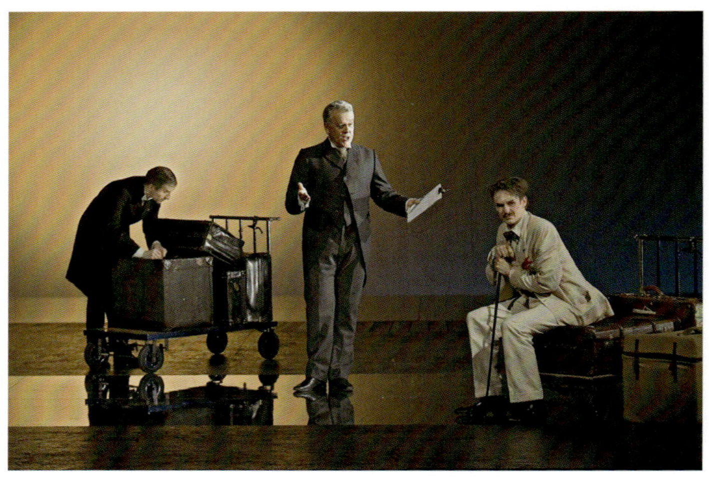

«Zweifellos wird uns der Signore bald verlassen. Wir müssen alle das verlieren, was wir am besten zu genießen glaubten.» Produktionsfoto von Benjamin Brittens *Tod in Venedig*, London Coliseum, Mai 2007. Von links nach rechts: Peter van Hulle (Hotelportier), Peter Coleman Wright (Hotelmanager), Ian Bostridge (Aschenbach).

als Oberstleutnant und Chevalier de Saint-Louis. Auf seinen Ländereien wuchsen Reis, Weizen, Mais, Kaffee und Baumwolle, angebaut von versklavten Menschen, die zum Großteil aus Madagaskar stammten. Der auf der Île Bourbon geborene Évariste erhielt seine schulische Ausbildung in Frankreich, trat in die französische Armee ein, bereiste die Welt und kehrte 1773 und 1783 zeitweilig nach Hause zurück. Er ließ sich schließlich in Frankreich nieder, wo er 1814 starb. Seine *Chansons Madécasses* schrieb er zwischen 1785 und 1787 in Pondicherry (heute Puducherry), in Französisch-Indien, wo er nach seiner letzten Reise auf die Île Bourbon Adjutant des Generalgouverneurs war.[13]

Der energische Schrei nach Freiheit, den Parny einer indigenen Madegassin in den Mund legt, ist nicht einfach nur in dem Kontext zu betrachten, aus dem er scheinbar hervorging. Évariste Parnys eigene Haltung gegenüber der Sklaverei und kolonialen Besiedlung war komplex und gebrochen, zum einen weil er auf der Île Bourbon aufwuchs, zum anderen aber auch durch seine Reisen als junger Mann nach Südamerika, Indien und Kapstadt, wie auch durch seine stete Verbundenheit zu Frankreich und seinen Aufenthalt in der Metropole der Aufklärung, nur wenige Jahre vor dem Ausbruch der Französischen Revolution. 1785 schrieb er in glühenden Versen aus Pondicherry an seinen Bruder von jener «immerfort durch die blutrünstigen Europäer betrübten Welt»: «ce monde toujours désolé / Par l'Européen sanguinaire».[14] Seine Gefühle richteten sich gegen den Kolonialismus und die Sklaverei, und dennoch blieb er, wie so viele andere progressive Stimmen, tief verstrickt in eine Welt, die von kolonialen Unternehmungen und dem Sklavenhandel abhing. Letzten Endes war er doch ein Kolonialoffizier, der von seiner Mutter 18 versklavte Menschen geerbt hatte und nach dem Tod seines Vaters noch weitere erben sollte.

Évaristes Mutter war gestorben, als er erst fünf Jahre alt war. Er wurde zunächst von Haussklaven madegassischer Herkunft großgezogen und übernahm, wie Parny selbst an Bertin schrieb, «die Vorlieben und Umgangsformen»[15] jener, mit denen er lebte. Erzählungen von Madagaskar gehörten zur Vorstellungswelt seiner Kindheit und waren seine Gutenachtgeschichten, auch wenn seine Schulbildung hauptsächlich in der Metropole Frankreich stattfand. Die madegassische Sprache faszinierte ihn zeitlebens.[16]

Bei seinen Besuchen auf der Île Bourbon 1773 und 1783 ging er Beziehungen zu zwei versklavten Frauen madegassischer Herkunft ein: Léda und Zette. Parnys erste Liaison mit einer madegassischen Frau war keineswegs nur eine flüchtige Begegnung; aus ihr ging eine Tochter hervor, Valère, die seinen Namen bekam und von seiner Schwester großgezogen wurde. Außerdem kümmerte sich die Familie Parny um ihre Taufe, ihre Ausbildung und ihre Heirat 1789.

Und doch, trotz Parnys Geschichte einer ambivalenten Assimilation, schrieb der Dichter 1787, eben dem Jahr, in dem er die *Chanson Madécasses* veröffentlichte, an seine Schwester, er wünsche, dass eine seiner Sklavinnen namens Auguste verkauft werden solle.[17] Wir können das den Worten gegenüberstellen, die Parny 1775 an seinen alten Freund Bertin gerichtet hatte: «Täglich tauschen wir Menschen gegen Pferde ein: Ich finde es unmöglich, sich an eine so abscheuliche und bizarre Situation zu gewöhnen.»[18] Die kognitive Dissonanz, die Kompartmentalisierung, die schiere Heuchelei sind frappierend, aber für die Zeit sicher nicht ungewöhnlich.

Auch wenn sich seine Existenz und die seiner Familie auf

die Sklavenwirtschaft der Île Bourbon gründeten, hielt er der Barbarei dieser Institution, ähnlich einigen einflussreichen Sklavenhaltern in den Vereinigten Staaten wie Thomas Jefferson, in seinen Schriften eine theoretische aufklärerische Opposition entgegen. War sein Großvater noch ein berüchtigter Sklavenjäger gewesen, so brachte Parny selbst seinen Widerwillen gegenüber dieser Praxis klar zum Ausdruck. «Sie gehen so fröhlich auf die Jagd nach Menschen, wie wenn sie Amseln schießen würden», schrieb er 1775 an Bertin. «Einigen gelang die erfolgreiche Flucht von der Île Bourbon zurück nach Madagaskar», wie er hinzufügte, «aber ihre Landsleute massakrierten sie mit der Begründung, dass sie unter Weißen gelebt hätten und sich allzu klug vorkämen». Mit Worten, die den offenen Schrei von «Méfiez vous des blancs» vorwegnehmen, erklärt Parny: «Unglückseliges Volk! Ihr solltet lieber die wirklichen Weißen von Euren friedlichen Küsten vertreiben.»[19]

Parny erkannte die wirtschaftliche Ineffizienz des Systems ebenso wie seinen moralischen Bankrott und führte wiederholt die Geschichte eines sterbenden Sklaven an, der bei seiner unfreiwilligen Taufe erklärt, dass er kein neues Leben wolle, da er in jenem dann durch die Person, die ihn taufe, womöglich wieder als Sklave gehalten würde. In seinen Briefen an Bertin lehnte Parny die bequeme Vorstellung, dass versklavte Männer und Frauen keine Menschen seien, zwar ab, seine Haltung war jedoch widersprüchlich, denn er blieb eingebettet in ein soziales System, das sich auf die Sklaverei gründete.[20]

𝄽

Man kann die *Chansons Madécasses* als Parnys imaginative Reaktion auf diesen moralischen Morast begreifen, einen Versuch, sich für die Menschlichkeit und zugleich Andersartigkeit (oder was er dafür hielt) der versklavten Menschen madegassischer Herkunft zu engagieren, die für ihn als Hausdiener arbeiteten und mit denen er lebte, wie etwa das Kindermädchen, das ihn großzog, oder die Frauen, mit denen er intime Beziehungen pflegte.

Interessanterweise sind es nicht die Stimmen versklavter Madegassen von der Île Bourbon, die er in den *Chansons* sprechen lässt, sondern freie, wütend Widerstand leistende Madegassen auf der noch nicht kolonisierten Insel Madagaskar.

Die *Chansons Madécasses* sind Prosagedichte, ihrer Natur nach poetisch, aber nicht in Versen verfasst. Als die vielleicht ersten Prosagedichte in französischer Sprache hatten sie großen literarischen Einfluss auf eine lange und distinguierte Tradition, und sie prägten eine ganze Generation von Dichtern des 19. Jahrhunderts, vor allem Charles Baudelaire und Alexander Puschkin. 1787 in Frankreich veröffentlicht, wurden sie mit einem Frontispiz gedruckt, das den Eindruck erweckte, sie seien auf der Île Bourbon publiziert worden. Die Gedichte werden so präsentiert, als handle es sich um Übersetzungen madegassischer Originale, aber es besteht kein Zweifel daran, dass sie von Parny selbst geschrieben wurden. Es finden sich darin eine ganze Reihe sprachlicher Indizien für die dokumentarische Akkuratesse des Autors, etwa was den Gebrauch von Namen angeht. Parny hatte als Kind sicherlich ein wenig Madegassisch aufgeschnappt und hegte ein Leben lang Interesse an dieser faszinierenden austronesischen Sprache. Die indigenen Worte für die Kraft der Sonne, *Zanhar*, und für einen bösen Geist, *ny angatra*, spiegeln sich etwa in den Gottheiten, die Parny in einem seiner Lieder heraufbeschwört (das allerdings nicht von Ravel vertont wurde): «Zanahang und Niang».

Der Name der Frau in Ravels erstem, erotisch aufgeladenen Lied – die schöne Nahandove, auf die der Sprecher wartet, mit der er schläft und nach der er sich verzehrt, während sie fort ist – leitet sich von dem indigenen Wort *nahandova*, «er, der erben wird» ab. Echos der reichen Tradition madegassischer mündlicher Erzählkunst interagieren hier mit europäischen Traditionen. Parnys *Chansons Madécasses* enthalten auch Schilderungen identifizierbarer lokaler Gesellschaftspraktiken.

Aber was die externe Dokumentation angeht, so findet sich das markanteste Beispiel im zweiten Lied, das Ravel vertonte (eigentlich das fünfte Lied in Parnys Reihenfolge), «Méfiez vous des blancs»:

«Méfiez-vous des blancs,
habitants du rivage.
Du temps de nos pères,
des blancs descendirent dans cette île;
on leur dit: Voilà des terres,
que vos femmes les cultivent.
Soyez justes, soyez bons,
et devenez nos frères.

Les blancs promirent, et cependant
ils faisaient des retranchements.
Un fort menaçant s'éleva;
le tonnerre fut renfermé
dans des bouches d'arain;
leurs prêtres voulurent nous donner
un Dieu que nous ne connaissons pas;
ils parlèrent enfin
d'obeissance et d'esclavage:

Plutôt la mort!
Le carnage fut long et terrible;
mais, malgré la foudre qu'ils vormissaient,
et qui écrasait des armées entières,
is furent tous exterminés.»

«Hütet Euch vor den Weißen,
Küstenbewohner.
Zu den Zeiten unserer Väter
kamen Weiße auf diese Insel;
man sagte ihnen: Hier ist Land,
das eure Frauen bepflanzen können.
Seid ehrlich, seid gut,
und werdet unsere Brüder.

Die Weißen versprachen es
und bauten indessen Festungen.
Ein bedrohliches Fort erhob sich;
Donner wurde eingeschlossen
in eherne Mündungen.
Ihre Priester wollten uns einen Gott geben,
den wir nicht kannten.
Schließlich sprachen sie
von Gehorsam und Sklaverei:
Eher der Tod!
Das Blutvergießen war lang und grausam;
aber trotz der Blitze, die sie schleuderten,
und die ganze Armeen niederstreckten,
wurden sie alle ausgelöscht.»

Dieser Bericht gibt zweifellos die französischen Kolonisierungsversuche Mitte des 17. Jahrhunderts wieder – die Anstrengungen, mit den indigenen Madegassen fertigzuwerden, die Errichtung von Fort Dauphin, die Gewalt, die den Madegassen zugefügt wurde, und die Verkündung der christlichen Religion. Das Gedicht feiert eine französische Niederlage.

Als sich der Gouverneur Étienne de Flacourt in den 1650ern anschickte, Fort Dauphin zu verlassen (etwa 20 Jahre vor der finalen Evakuierung der französischen Siedlung), hinterließ er ein Monument, das seinen schmachvollen Aufenthalt auf der Insel dokumentierte. Auf einen Marmorblock, den frühere portugiesische Siedler zurückgelassen hatten, ließ er drei Lilien als Symbol der französischen Monarchie und diese lateinische Warnung einmeißeln:

«(O)ADVENA
(Lege) MONITA NOSTRA
TIBI TUIS VITAE (quae)
TUAE PROFUTURA (PROFITURA)
CAVE AB INCOLIS. VALE»[21]

«Fremdling,
lies meine Warnung,
die Dir und den Deinigen
zum Heile gereichen möge.
Hüte Dich vor den Eingeborenen!
Lebe wohl.»[22]

Mit scharfer aufklärerischer Ironie und einem deutlichen Hinweis darauf, dass er nicht nur die Sprache und Sitten Madagaskars, sondern auch die Geschichte seiner Beziehung zu Frankreich kannte, kehrte Parny Flacourts letzte Warnung um. «Hütet Euch vor den Eingeborenen» wurde zu «Hütet Euch vor den Weißen». Indem er die mündlich überlieferte Geschichte, die er von seinen Kinderfrauen und Geliebten gehört hatte, die aufklärerische Opposition gegenüber dem kolonialen Vorhaben und Kenntnisse aus Flacourts großem Buch *Histoire de la Grande Isle Madagaskar* extrahierte und zusammenführte, schuf Parny einen ganz besonderen Protest gegen die aggressiven Pläne europäischer Siedler auf der Insel Madagaskar. Der letzte Teil des Gedichts macht deutlich, dass Parny mit der Verdammung der im 17. Jahrhundert unter Flacourt unternommenen Expedition nicht nur die geschichtlichen Ereignisse niederschrieb, sondern auch einen aktuellen Kommentar abgab: Wir sollten uns klar machen, dass «Méfiez-vous des blancs» nur ein knappes Jahr nach den tödlichen Schüssen auf den Grafen Benjowski veröffentlicht wurde, die seinen versponnenen, närrischen Plänen zur Eroberung Madagaskars endlich ein Ende setzten. Die folgenden Zeilen führen das vor Augen:

«Nous avons vu de nouveaux tyrans,
plus forts et plus nombreaux,
planter leur pavillon sur le rivage:
le ciel a combattu pour nous;
il a fait tomber sur eux les pluies,
les tempêtes et les vents empoisonnés.
Ils ne sont plus, et nous vivons libres.»

«Wir haben neue Tyrannen gesehen,
stärker und zahlreicher,
die ihre Fahne am Ufer gehisst haben:
Der Himmel hat für uns gekämpft;

> Er hat Regen auf sie herab geschickt,
> Stürme und giftige Winde.
> Sie sind nicht mehr, und wir leben frei.»

Parnys Ventriloquismus, seine Nachahmung der madegassischen Stimmen und seine Aneignung der indigenen Perspektive waren unter französischen Autoren des 18. Jahrhunderts keineswegs unüblich. Die *Histoire des deux Indes* des Abbé Raynal erschien erstmals 1770, dann erneut in einer überarbeiteten und erweiterten Edition 1780, und bis zu Raynals Tod 1796 wurden nicht weniger als 48 Ausgaben publiziert. Der große Diderot arbeitete mit ihm zusammen an diesem Buch und trug ganze Passagen dazu bei, angefüllt mit einer Art «blutrünstigen Lyrik des erlösenden Verrats», wie der Historiker Jean-Michel Racault es nannte.[23] Was ist so besonders an Parnys Werk und vor allem an «Méfiez-vous des blancs», vor allem im Hinblick auf seine tiefreichende Beschäftigung mit der madegassischen Kultur und seine wütende Rhetorik, befeuert womöglich durch die Schuld, welche Parny als Sklavenhalter und Kolonialist empfand? Auf einer Ebene scheint Parnys Sprache die des politischen Philosophen und Aktivisten Frantz Fanon vorwegzunehmen, der auf Martinique geboren wurde und in den 1960er Jahren seine Stimme gegen die französische Kolonialherrschaft in Algerien erhob. Hier sind einige seiner eindringlichsten Darlegungen:

> «Ihre erste Konfrontation hat sich unter dem Zeichen der Gewalt abgespielt, und ihr Zusammenleben – genauer: die Ausbeutung des Kolonisierten durch den Kolonialherrn – wurde mit Hilfe von Bajonetten und Kanonen erzwungen. (...) In Indochina, in Madagaskar, in den Kolonien hat der Eingeborene immer gewußt, daß er von der anderen Seite nichts

> zu erwarten hat. (…) Das Leben kann für den Kolonisierten nur aus der verwesenden Leiche des Kolonialherrn entstehen. (…) Von der Gewalt erleuchtet, rebelliert das Bewusstsein des Volkes gegen jede Pazifizierung.»[24]

Aber jenseits der oberflächlichen Ähnlichkeiten zwischen Fanons diskursiver Praxis und jener Parnys müssen wir Parny in seinem eigenen historischen Kontext verorten, um seine schon vor der Zeit entwickelte Kraft und das in ihm schlummernde intellektuelle Unbehagen zu begreifen.

Parnys *Chansons Madécasses* basieren auf den engen, wenn auch kompromittierten Interaktionen des Autors mit der Insel und seinen Bewohnern ganz allgemein, ihr fünftes Lied jedoch handelt von klar identifizierbaren historischen Ereignissen und unweit zurückliegenden Eroberungsversuchen.

Nach Parnys Zeit bot Madagaskar der europäischen Besiedlung ein weiteres Jahrhundert lang die Stirn und wurde in einer Welt, welche die europäischen Mächte immer weiter unter sich aufteilten, in vielerlei Hinsicht zum Symbol für den antikolonialen Widerstand. Informelle koloniale Unternehmungen wurden zum formalen Kolonialsystem, das auf der Berliner Konferenz ausgehandelt und durch den sogenannten Wettlauf um Afrika vollendet wurde, in den man Madagaskar entgegen den Absprachen hineinzog.

Im zweiten und dritten Jahrzehnt des 19. Jahrhunderts dominierte das im Hochland gelegene Königreich Imerina, bislang eine relativ schwache Macht auf der Insel, die immer wieder von stärkeren Küstengemeinschaften angegriffen worden war, unter der Herrschaft von Radama dem Großen fast die ganze Insel Madagaskar. Radama wurde von den Briten als König von Madagaskar anerkannt, aber diese Anerkennung stieß einen paradoxen Prozess an, in dessen Verlauf die Einigung Madagaskars unter indigener Herrschaft und die Bemühungen, einen Nationalstaat nach europäischem Vorbild zu schaffen, entscheidenden Anteil daran hatten, dass der seit so langer Zeit erfolgreich geführte Widerstand gegen die europäischen Übergriffe nun gewaltsam gebrochen wurde.

Während das Königreich Madagaskar unter seinen aufeinanderfolgenden Monarchen einerseits wirtschaftliche Verbindungen mit den europäischen Mächten einging, andererseits aber versuchte, sich diese und ihren Christianisierungseifer vom Leibe zu halten, wurde es in die anglofranzösische Aufteilung der kolonialen Beute verstrickt. Die 1855 im Geheimen beschlossene Lambert-Charta hatte den Franzosen die Exklusivrechte eingeräumt, Land und natürliche Ressourcen auszubeuten. Auf die Versuche hin, diese Charta aufzuheben, erklärte Frankreich Madagaskar schließlich zum Protektorat und 1896, mit dem Einverständnis der Briten, letztendlich zur Kolonie.[25] Auf zwei Kriege folgte eine brutale Pazifizierungskampagne unter General Joseph Gallieni. Führende madegassische Amtsträger wurden nach Schauprozessen von Erschießungskommandos exekutiert, und die Königin von Madagaskar, Ranavalona III., wurde ins algerische Exil gesandt, wo sie 1917 starb. Von da an war Madagaskar Teil von «la plus grande France».[26]

𝄽

Am 24. Mai 1925, 8 Jahre nach dem Tod der letzten Königin von Madagaskar, auf einer Soirée, zu der die Crème des musikalischen Establishments geladen war, erhob sich eine französische Mezzosopranistin namens Jane Bathori und kreischte zur dissonanten, spröden Begleitung eines Pianisten, eines Cellisten und eines Flötisten zweimal den mysteriösen Ausruf «Aoua», bevor sie mit den wildesten Akzentuierungen Évariste Parnys Worte «Méfiez-vous des blancs, habitants du rivage» zu Gehör gab.[27]

Diese Erstaufführung von Ravels Liedern war Teil eines Kammermusikabends, den die amerikanische Pianistin und angesehene Mäzenin Elizabeth Sprague Coolidge ins Leben gerufen hatte. Coolidge gab eine Menge außergewöhnlicher Stücke bei den größten Komponisten in Auftrag – Britten, Copland, Prokofiev, Schönberg, Strawinsky, Webern, Bartók, Respighi –, aber an jenem Frühlingsabend im prächtigen Majestic Hotel war es Ravels einzigartiges kurzes Lied, das den größten Eindruck hinterließ. Von den drei *Chansons Madécasses*, die Coolidge bereits früher in jenem Jahr versprochen worden waren, hatte Ravel nur dieses vollendet. Es war eine Art provokativer Schuldschein für den ganzen Zyklus, der sein verspätetes Debüt im darauffolgenden Jahr in Rom haben sollte. «Aoua», wie ich das Lied nennen werde – ein Ausruf, den Ravel Parnys Gedicht hinzufügte –, sorgte für Irritationen, wenn auch nicht gerade so heftig wie der legendäre Pariser Aufruhr, der die Premiere von Strawinskys *Le Sacre du Printemps* gut zehn Jahre zuvor begleitet hatte.

Als das Lied zu Ende war, stand der bretonische Komponist Léon Moreau auf und erklärte: «M. Léon geht. Er zieht es vor, solche Worte nicht mehr hören zu müssen, während unser Land in Marokko kämpft.» Tatsächlich führte Frankreich zu der Zeit einen Kolonialkrieg in Nordafrika. Daraufhin erhoben sich einige Stimmen, die sich Moreaus politischen Einwänden anschlossen, während andere den Mangel an Höflichkeit auf dieser exklusiven Veranstaltung beklagten, zu der nur sehr erlesene Gäste geladen waren. Moreau und seine Anhänger zogen sich zurück, das Lied wurde noch einmal gesungen und begeistert aufgenommen. Die damals aufkommende Public-Relations-Industrie hätte kein besseres Event inszenieren können, um Interesse an den *Chansons Madécasses* zu wecken oder zu betonen, was für eine einzigartig radikale Kraft Maurice Ravel in der französischen Musik darstellte.

Der Kritiker Arthur Hoerée rezensierte Ravels Lied in der Oktober-Ausgabe der *Revue musicale* und erneut 1938 in einem längeren Bericht über Ravels lyrische Schöpfungen. Er konzentrierte sich darin auf die Strenge des Werkes im Gegensatz zum Exotizismus seiner früheren Kompositionen wie dem Liederzyklus *Shéhérazade*. Hier herrschte eine klare und unmittelbare Expressivität, die mit einer eindringlichen und schockierenden Darstellung der blutigen Realität des Zusammenpralls von Europäern und Madegassen in einem gescheiterten Kolonialisierungsversuch Hand in Hand ging. «Er schildert uns den Freiheitskampf der Indigenen gegen die Weißen», schrieb Hoerée 1926. 1938 beschrieb er genau dieses eine Lied als «Hymne an die Freiheit, gegen Sklaverei [und] Kolonisierung».[28]

Ravel hatte den Auftrag in seinem Haus in Montfort, außerhalb von Paris erhalten, einem Haus, voll mit den dandyhaften und ironisch exotisierenden Elementen, die Ravels Musik und seinen persönlichen Stil bis dahin in weiten Teilen geprägt hatten. Wie ein Besucher es formulierte: «Wir haben das Gefühl, in einem chinesischen Kuriositätenladen zu stehen, in dem ein Jahrhundert verspielten Exotizismus' ausgestellt ist.»[29] Ravels enger Freund Roland-Manuel berichtete, wie das Telegramm eintraf:

«Als erklärter Bewunderer von Zierrat und Dingen, aus der Zeit der Revolution, Directoire, Empire und Restauration, erstand Ravel zwischen einer gotischen Uhr von 1820 und einer etruskischen Teekanne eine Erstausgabe von Évariste Parny. Als er das Gedicht ‹Fleurs› las (...) traf ein Telegramm des Cellisten Kindler aus Amerika ein, der ihn bat, einen Liederzyklus für Mrs Elisabeth [sic] S. Coolidge zu komponieren, ‹wenn möglich› mit Begleitung für Flöte, Cello und Klavier. In wahrhaft Mozartscher Manier, immer gerne bereit, den Wünschen anderer nachzukommen, fuhr der Komponist ausdauernd mit der Lektüre Parnys fort (...) und erfreute sich an der eigentümlichen Exotik, die seinem Geschmack so ganz und gar entsprach, da Lokalkolorit weitgehend ausgeklammert worden war.»[30]

Das Bild Ravels, das durch die Schilderung seines Freundes entsteht, ist das des Baudelaire'schen Flaneurs, des Ironikers, distanziert, amüsiert: der Ravel, den wir in jenem dandyhaften Mann auf den Photographien der 1920er Jahre sehen. Er sitzt in seinem charmanten Salon und liest Évariste Parnys Gedichte, aber das Werk, das er sich ausgesucht hat, jenes, das er genau in dem Moment las, als das entscheidende Telegramm eintraf, wurde nicht von ihm vertont und ist Welten entfernt von dem aggressiven Protest in «Aoua». Es handelte sich um das ultra-ästhetische, quasi-erotische Gedicht «Les Fleurs»:

«L'oignon demande un sol épais et gras;
Un sol léger suffit à la semence;
Confiez-lui votre douce espérance
Et de vos fleurs les germes délicats.»

«Die Zwiebel liebt einen schweren und fetten Boden;
ein leichter Boden genügt dem Samenkorn.

Vertraut ihm eure süße Hoffnung
und eurer Blumen zarte Keime an.»[31]

Ravel äußerte sich lakonisch über seine eigene Musik, und die *Chansons Madécasses* sind keine Ausnahme. Er sagte über sie nur Folgendes: «Die drei *Chansons madécasses* scheinen mir ein neues dramatisches – ja fast erotisches – Element zu enthalten, das das Sujet, die Chansons von Parny, selber hineingetragen hat.»[32] Aber war das wirklich schon alles? Der einzigartigen Heftigkeit von «Aoua» wird Ravel noch am ehesten durch das Wort *dramatisch* gerecht. Er zieht es stattdessen vor, bei der Atmosphäre des ersten und dritten Gedichts seiner Reihe zu verweilen, die beide sicher nicht nur «fast» erotisch, sondern von berauschender Erotik ganz und gar durchdrungen sind. Das erste evoziert nichts weniger als Erwartung, sexuelle Erfüllung und postkoitale Entspannung. Auch Ravels frühere Werke stecken voller Erotik, so etwa sein Liederzyklus *Shéhérazade* mit seiner orgiastischen musikalischen Klimax und seinem postkoitalen Nikotindunst im ersten, ironisch-exotischen Lied «Asie» und der kaum verhohlenen homoerotischen Spannung des dritten Stückes «L'indifférent». Schockierend neu war jedoch die politische Wucht von «Aoua».

𝄽

Was war also hinter dieser scheinbaren Distanziertheit Ravels politische Haltung? Es gibt nichts Systematisches, mit dem wir weiter verfahren könnten; aber was kann man aus Kommentaren, Loyalitäten und gelegentlichen provokativen Handlungen schließen?

Wie sein Freund Manuel Rosenthal erklärte: «Ravel gab niemals auch nur den kleinsten Kommentar über Politik ab, keinen einzigen. Er war das, was man heute einen ‹homme de gauche›, einen Linken, nennen würde, aber er äußerte seine Meinung nie.»[33]

Bei Kriegsbeginn, im August 1914, schrieb Ravel einen Brief an Cipa Godebski, in dem er «der Internationale und dem Frieden ein langes Leben» wünschte.[34] Er diente schließlich als Kraftfahrer an der Front. 1916 solidarisierte er sich mit jenen, die die französische Nation und Kultur als Garanten universaler Werte ansahen, lehnte es jedoch ab, sich der nationalistischen *Ligue pour la défense de la musique française* anzuschließen.

Ravel abonnierte nur eine einzige, links orientierte Zeitung, *Le Populaire de Paris*, die er jeden Tag aufmerksam las. Nachdem André Gide 1925 zu einer Reise in den Kongo aufgebrochen war, machte Léon Blum – ein Freund Ravels und 1936 sozialistischer Premierminister – 1927 in eben jener Zeitung, *Le Populaire*, auf Gides Anklagen der Konzessionäre im Kongo und deren Menschenrechtsverletzungen aufmerksam, Anklagen, die 1926 erstmals in der *Nouvelle Revue Française* publiziert wurden und schließlich in Gides 1927 erschienenes Reisetagebuch *Voyage au Congo* eingingen.

Ravel begegnete Gide im Salon der eng mit ihm befreundeten Familie Godebski. Zudem besuchte er, ebenso wie Einstein und Stefan Zweig, den progressiven Salon der Clemenceaus. Zu einer Zeit, die für den heftigen Antisemitismus seitens der französischen Rechten berüchtigt war und in der sich die Lager der Dreyfus-Affaire noch immer gegenüberstanden, pflegte Ravel viele jüdische Freundschaften und komponierte 1914 seine *Mélodies hébraïques*. 1920 orchestriert, wurden sie zum beispielhaften kulturellen und politischen Statement in mittelbarer musikalischer Form – «politische Gesten durch Stil», wie die Historikerin Jane Fulcher es nennt.[35]

Ravel stand ganz klar abseits der Obrigkeit und des Establishments; sein Dandytum war eine Unabhängigkeitserklärung, verbunden mit einer zu jener Zeit, nach den Propaganda-Exzessen des Krieges, nicht unüblichen Absage an den Gebrauch der Kunst als offene Form politischen Engagements. So lehnte er 1920 auch die Aufnahme in die Ehrenlegion ab. Widerstrebte es ihm, durch einen Staatsapparat vereinnahmt zu werden, den er missbilligte? Oder bekräftigte er damit ganz einfach seine künstlerische Autonomie? Das eine schließt das andere natürlich nicht aus.

𝄽

In welchem politischen und kulturellen Klima erlebte das Publikum in Paris jene erste schockierende Darbietung des zweiten von Ravels *Chansons Madécasses*? Léon Moreaus Verweis auf den Marokkanischen Krieg verdient hier besondere Beachtung. Unter Sultan Yusuf war Marokko 1912 zum französischen Protektorat geworden, während ein Vertrag, der später in diesem Jahr in Madrid unterzeichnet wurde, das Land in vier Teile teilte: eine französische Verwaltungszone, die 90 Prozent des Landes, einschließlich der Hauptstadt Rabat, umfasste, ein kleines spanisches Protektorat um Tétouan, ein von den Spaniern verwaltetes südsaharisches Protektorat und eine internationale Zone rund um Tanger. Im Juni 1921 besiegten Rebellen der Rif-Region im bergigen Nordosten eine spanische Armee von 24 000 Mann und riefen einen unabhängigen Staat aus. Französische Streitkräfte rückten vor, um die Interessen ihres Landes zu verfechten, und im April 1925 starteten die Rif-

Truppen eine Gegenoffensive. Anfang Juli traf der neu ernannte Marschall Pétain («Sieger von Verdun» und später in den 1940ern bekanntermaßen Repräsentant des Kollaborationsregimes von Vichy) mit den Spaniern ein Abkommen, um eine gemeinsame Strategie zu verfolgen. Dieses letzte Stadium des Rif-Krieges dauerte vom Herbst 1925 bis zum Frühjahr 1926 an und endete mit der Deportation des Rif-Anführers Abd el-Krim auf die Insel Réunion, wo eben Parny etwa zwei Jahrhunderte früher geboren worden war.

Der Rif-Konflikt war 1925 in Paris *die* Cause célèbre, welche die Surrealisten als erneuernden Fokus für politisches Handeln und als Möglichkeit nutzten, die dadaistischen Tendenzen der Vergangenheit abzustreifen. Die neu gegründete Kommunistische Partei Frankreichs indessen ergriff die Gelegenheit, um sich von der antibolschewistischen, durch León Blum angeführten *Section française de l'Internationale ouvrière* (SFIO) abzugrenzen, die sich der Regierung angeschlossen hatte und weiterhin der Vorstellung einer zivilisatorischen Mission Frankreichs als Kolonialmacht verschrieb.[36] Wie Blum selbst es im Juli 1925 formulierte:

> «Wir glauben, dass die überlegenen Rassen das Recht und sogar die Pflicht haben, jene zu gewinnen, die nicht denselben Grad an Kultur erreicht haben, und sie zu den Fortschritten aufzurufen, die dank der Bemühungen der Wissenschaft und der Industrie verwirklicht worden sind … Wir lieben unser Land zu sehr, um die Ausbreitung seines Gedankenguts, der französischen Zivilisation von uns zu weisen.»[37]

Die Minister der SFIO waren der Überzeugung, dass Frankreich die Pflicht habe, in Marokko auszuharren, um seine Einwohner zu schützen und das zu verhindern, was sie einen verhängnisvollen Absturz in die Barbarei und den islamischen Fanatismus beschrieben. Obwohl Blum Gides Angriff auf die Exzesse der Konzessionäre im Kongo unterstützte, war die Meinung beider Männer, dass es sich hierbei tatsächlich um Exzesse handelte, und dass man unterscheiden müsse zwischen der Kritik an kolonialem Missbrauch und an der in ihren Augen edlen Mission des Kolonialismus (und des Mandatssystems der Nachkriegszeit) selbst.

Ironischerweise war es Ravels Freund, der Premierminister Paul Painlevé, der den Krieg in Marokko im April 1925 eskalierte. Im Mai trieb die erste von hunderten Antikriegsdemonstrationen, organisiert von der Kommunistischen Partei Frankreichs, 15 000 Protestierende auf die Straßen von Paris. Man kann sich also unschwer vorstellen, dass Ravels vierminütiges Lied mit Parnys außergewöhnlicher antikolonialer Botschaft und einer musikalischen Sprache von überaus lakonischer dissonanter Heftigkeit einer Agitprop-Bombe in fiebriger Atmosphäre gleichkam. Ravel muss sich der Wirkung, die sein Lied hervorrufen würde, bewusst gewesen sein, aber seine nachfolgenden Kommentare über den Zyklus und letztlich die Abfederung der Gewalt des zweiten Liedes durch zwei rahmende Stücke, welche die traditionelleren exotisierenden «attitudes de Plaisir et … abandon de la volupté»[38] beschrieben, legen einen Rückzug in sein ästhetisierendes Schneckenhaus nahe. Die *Chansons Madécasses* waren ästhetisch sicherlich ein neues Abenteuer für Ravel, und die Ausdrucksgewalt des zweiten Liedes stellt einen brillanten musikalischen Gegenpart zur verträumten Trägheit des ersten und dritten Liedes dar. Aber der schockierende politische Kontext durfte sich keinesfalls einfach verflüchtigen.

Der Historikerin Jane Fulcher zufolge war Ravels ideologische Praxis eine Art von «stets subtiler Subversion, die auf der Ebene von Symbolen und Gesten stattfand und, wie er sehr gut wusste, sogar noch kraftvoller sein konnte als die konventionelle diskursive Konfrontation».[39] Wenn das zweite Lied der *Chansons Madécasses* auch kein politisches Manifest ist und ebenso viele ideologische Komplexitäten in sich birgt wie Parnys Gedichte, so ist seine «Subversion» doch deutlich mehr als «subtil», da es eher eine Übung in imaginativer Identifikation mit dem «Fremden» darstellt, welche die Orthodoxien der politischen und sozialen Ordnung problematisiert oder in Frage stellt – wie Kunst das natürlich tun kann und sollte. Gleichwohl bleibt es als ventriloquistisches Werk problematisch.[40] Wer sollte, damals wie heute, für die Unterdrückten sprechen, für jene, die zum Schweigen gebracht wurden? Und inwieweit war Ravels Lied ein Ausdruck des Radical Chic?

𝄽

Als Teil der Beschäftigung französischer Kultur mit dem kolonialen «Fremden» mögen Parnys und Ravels Visionen von Madagaskar und ihre Ventriloquismen irritierend sein, unbestreitbar bleibt jedoch, dass «Méfiez vous des blancs» als Lied oder Prosagedicht eine radikale antikolonialistische Intervention darstellte und bei seiner Premiere von einigen Zuhörern auch als solche aufgefasst wurde.

Poulencs *Rapsodie nègre* führt uns vor Augen, wie anders die Beschäftigung eines französischen Komponisten des 20. Jahrhunderts mit der Vorstellung von Madagaskar ausfallen konnte. Ravel war 1917, während des Krieges, bei der Premiere anwesend. Poulenc kommentierte später verlogen, das Stück spiegle «den Sinn für afrikanische Kunst, die seit 1912 durch den

Impuls von Apolliniare floriert». Wie Poulenc berichtete, sagte der Bariton, der bei der Uraufführung singen sollte, im letzten Moment ab, mit der Begründung «es sei alles zu dumm …, und so musste ich das Interludium selbst singen, teilweise verdeckt von einem riesigen Notenständer. Da ich bereits in Uniform war, kann man sich die unerwartete Wirkung jenes Soldaten vorstellen, der da auf Pseudo-Madegassisch zu grölen begann».[41]

Das Gedicht war in Wahrheit Teil eines widerwärtigen rassistischen Schwindels, *Les poésies de Makoko Kangourou,* der 1910 erschienenen Anthologie eines (fiktiven) liberianischen Autors. Das Meiste davon war in grammatikalisch falschem und syntaktisch fragwürdigem Französisch geschrieben, darunter auch ein Nonsense-Gedicht, «Honoloulou», vermeintlich in der Sprache des Dichters selbst, und dieses vertonte Poulenc als dritten Satz seiner *Rapsodie*. Die Gedichte waren scheinbar sorgfältig editiert, mit einem fadenscheinigen Fußnotenapparat von Marcel Prouille und Charles Moulié (Pseudonyme von Marcel Ormoy und Thierry Sandre). Der fiktive Kangourou war in seinem Land angeblich gefeiert, und das Buch wurde mit einem hässlichen Frontispiz versehen, das den Dichter als stereotypen afrikanischen Wilden zeigt, skurril mit einem Lorbeerkranz geschmückt und in eine Toga gehüllt. Ravels typisch lakonischer, jedoch vermutlich sarkastischer Kommentar zur *Rapsodie nègre* war, dass Poulenc sich damit offenbar «seine eigene Folklore» geschaffen hatte.

𝄽

Poulencs Werk zeigt die abstoßendste Seite der damals in Paris grassierenden sogenannten *Négrophilie* oder «Negrophilia». Wie die Historikerin und Autorin einer wegweisenden Studie über das Phänomen, Petrine Archer-Straw, es formuliert: «Nicht die schwarze Kultur an und für sich, sondern die schwarze Kultur als Zwischenspiel der Moderne.» Am ungeheuerlichsten war, dass «Schwarze exotisch für den Markt verpackt wurden, während Rassentheorien sie zugleich als niedrigere Geschöpfe definierten.»[42] Josephine Baker, Star der *Revue nègre* und später amerikanische Menschenrechtsaktivistin, umschrieb das Problem treffend: «Wenn es um Schwarze geht, dann ist die weiße Imagination schon so eine Sache!»[43] Um die Mitte der 1920er Jahre feierte die Pariser Kultur schwarze Künstler und behandelte sie zugleich herablassend: Der grundlegende Widerspruch lag in einer Haltung, die, in Kontinuität mit der Vorkriegs-Avantgarde, die selbstgefällige Überzeugung des materiellen und moralischen Fortschritts eines weißen Europa zwar in Frage stellte, dies aber tat, indem sie das alternative Wertesystem eines sogenannten primitiven oder unzivilisierten Schwarzseins der Imagination verfocht.[44]

Man muss sich klar machen, dass dies der kulturelle Moment war, in dem Ravels Lied entstand. Zweifellos partizipierte Ravel an der Popularität dessen, was als «Negrophilia» bezeichnet wurde, brachte jedoch gleichzeitig einen kraftvollen und unmissverständlichen Schrei gegen die Schrecken des Kolonialismus hervor. Parnys originalen Prosagedichten liegen schichtenweise progressive Absichten, Unredlichkeit und unangenehme, um nicht zu sagen korrumpierende Inhalte und politische Verstrickungen zugrunde. Der Kontext von Ravels Meisterwerk ist ebenso komplex.

𝄽

Ich hörte die *Chansons Madécasses* zum ersten Mal am 11. Juli 1995 in Wigmore Hall, in einer einzigartig schönen Interpretation der in Großbritannien geborenen afro-karibischen Mezzosopranistin Ruby Philogene. Seither gehen sie mir nicht mehr aus dem Kopf. Über ein Vierteljahrhundert später unterhielt ich mich mit Philogene über das Werk und ihre Beziehung dazu. Sie sprach davon, dass sie eine besondere Verbindung, vor allem zum zweiten Lied, empfände und die Präsenz ihrer versklavten Vorfahren von der karibischen Insel Dominica spüre, deren Erfahrung von Unterdrückung zusammen mit Nachklängen ihres sprachlichen Erbes – noch lange nach der Abtretung Dominicas an die Briten durch die Franzosen 1763 blieb Französisch dort die geläufige Sprache. Beide Zweige von Philogenes Familie stammen von Dominica; einer ihrer Vorfahren väterlicherseits war ein weißer französischer Plantagenbesitzer (Philogène ist ein französischer Name). «In meiner Interpretation kann ich die Stimmen meiner Vorfahren durch mich selbst hindurch hören: ihren Schrei aus der Unterdrückung, ihren Schrei aus der Ungerechtigkeit nach Freiheit», so Philogenes Worte. Sie sang das zweite Lied, wie sie selbst sagte, als einen «Weckruf»: «Schlaft nicht, geht bewusst durch das hier hindurch», wie sie es mir gegenüber formulierte, als hätte das Lied die Kraft, ein zeitgenössisches Publikum mit der Geschichte des Widerstands gegen die Sklaverei und seiner fortdauernden Bedeutung für die Gegenwart zu verbinden. Nebenbei erzählte mir Philogene, dass der einleitende Schrei «Aoua», den Ravel Parnys Prosagedichten hinzugefügt hatte, interessanterweise wie ein lokaler karibischer Ausdruck klingt, der so etwas bedeutet wie «keine Chance haben» oder «keine Hoffnung». Das ergänzt die mysteriöse Eröffnung von Ravels Vertonung des fünften Liedes von Parny um eine weitere mehrdeutige performative Schicht, um eine weitere Möglichkeit.[45]

Authentizität ist der Heilige Gral der gesungenen Aufführung, aber das kann vieles bedeuten. Die Authentizität von Philogenes Interpretation 1995 – die Authentizität, die sie, beim Singen jenes zweiten Liedes empfindet, wie sie beschreibt, und die ich auch als Zuhörer im Publikum spürte – entstand aus einem tiefen und sehr persönlichen Gefühl der Identifikation mit seiner Geschichte der Unterdrückung und seinem Schrei nach Befreiung. Es war eine Aufführung, in der sie sich das Lied ganz zu eigen machte, in der sie die historischen Erfahrungen, die Parnys Gedicht und Ravels Musik so vielfach in sich tragen, zugleich verkörperte und transzendierte.

Ich habe den Zyklus nur ein einziges Mal gesungen. Das war 2018 in Italien. Es war eine faszinierende Erfahrung mit einer internationalen Gruppe von großartigen Musikern, die eine immense Vorstellungskraft besaßen – Emmanuel Pahud (Flöte), Christian Poltéra (Cello) und Lucille Chung (Piano). Die abstrakte Anziehungskraft der Musik war packend und sehr anregend. Doch ich lernte dabei auch, dass diese außergewöhnlichen Lieder von Interpreten und Publikum im Abstrakten eigentlich kaum erlebt werden können. Das Drama des zweiten Liedes ist überwältigend, wenn es aber ein weißer Europäer singt und die politische Geschichte verkörpert, von der es handelt, dann erscheint das Werk seltsam unbeholfen und offenbart die kompromittierte Progressivität des Dichters Parny und des Komponisten Ravel selbst. Schicht für Schicht.

«Die Tradition aller toten Geschlechter», schrieb Marx in seinem 18. Brumaire de Louis Bonaparte (1852), «lastet wie ein Alp auf dem Gehirne der Lebenden».[46] Das Spiel mit der Identität, auf das alle Sänger sich einlassen, wird durch die kumulierten Schichten historischer Ereignisse und ideologischer Konstruktionen, aber ebenso durch unsere eigenen Lebensumstände zwar erst ermöglicht, aber auch begrenzt. Sollte ich diese Lieder interpretieren? Habe ich das Recht, das zu tun? Wie verhält sich meine Identität zu den vielen Selbsts, die Worte und Musik uns bieten? Oder zur Identität des Komponisten oder Dichters? Oder zum madegassischen Volk des 18. Jahrhunderts, das Parny so kraftvoll und doch so problematisch ventriloquisierte? Ich weiß es nicht. Was ich aber weiß, ist, dass die verborgene Geschichte dieses Werks unsere Reaktion darauf intensiviert und verkompliziert, wenn wir uns ihr widmen.

3

«These fragments I have shored against my ruins»[1]

Meditationen über den Tod

Der Tod ist zwar die ultimative Auflösung von Identität, da all die körperlichen, psychologischen und sozialen Bindungen, die sie halten, durchtrennt werden; zugleich aber erschaffen wir unsere Identität auch in seinem Angesicht. «Diese Fragmente habe ich gegen meine Ruinen gestützt», wie T. S. Eliot in *The Waste Land* (1922) schrieb. Gewohnheiten, Liebe, das, was stündlich, täglich passiert und all die Dinge des Lebens. Vor allem aber Kunst.

In einem berühmten Essay über Janáčeks Oper *Die Sache Makropulos* argumentierte der Philosoph Bernard Williams – im Bezug auf eine Frau, die mit der Gabe oder vielmehr dem Fluch der Unsterblichkeit versehen ist –, dass das Leben nur angesichts seiner Endlichkeit Sinn ergibt. «Es ist unser Glück, dass wir die Möglichkeit haben zu sterben», schloss Williams. Das heißt nicht, dass der Tod selbst wünschenswert ist: Tod kann Sinn zerstören, während die Perspektive der Sterblichkeit eben jenen Sinn erst entstehen lässt. Das ist zumindest eine Lesart von Williams langer und komplexer Erörterung.

Es passt irgendwie, dass Williams' Argumentation sich um eine Oper dreht. Nicht nur, weil Janáčeks *Die Sache Makropulos* von der Tochter eines Leibarztes im 16. Jahrhundert handelt, die nach der Einnahme eines Lebenselixirs mittlerweile 342 Jahre alt ist und sich daher «in einem Zustand von Langeweile, Gleichgültigkeit und Kälte» befindet.[2]

Musik ist expressiv ohne denotativ zu sein. Sie ist physisch erfassbar und präzise, zugleich aber metaphysisch suggestiv – das, was im Diesseits am ehesten einen Hauch des Göttlichen erahnen lässt. Musik kann jenes Paradox, von dem Williams spricht, in sich bergen und sich damit auseinandersetzen: Das, was Sinn erschafft, zerstört ihn auch wieder. Musik hilft uns, mit dem Tod umzugehen, mit seiner Unausweichlichkeit, seiner Notwendigkeit. In bestimmten Musikstücken begegnen wir dem Tod inmitten einer Welt von Klängen, die definitiv lebendig, zugleich aber transitorisch, flüchtig ist und immer irgendwann verhallt. Musik hat eine «ersterbende Kadenz», wie es bei Shakespeare heißt («That strain again! It had a dying Fall ...»).[3]

In der Welt der Klänge ist Stille das ultimative Symbol des Todes, aber «bis wir sterben», so John Cage, der Komponist des bekanntermaßen stillen Musikstücks 4'33, «wird es Klänge geben». Vollkommene Lautlosigkeit, wirkliche Stille ist für ein lebendiges Wesen nicht möglich.

Während wir noch am Leben sind, ist jedoch der Umgang mit der Stille – unser eigener Horror vacui, jenes Gefühl von Leere und Verlust, das wir beim Tod anderer spüren, oder der Frieden und die Ruhe, welche die Stille scheinbar geben kann – Teil unserer kulturellen Begegnung mit dem Nichts des Todes.

Diese relative, vorgestellte Stille kann eine Evokation von unausdrückbaren Dingen sein. Es gibt die organisierte und vernehmbare Stille, mit der viele Gesellschaften ihre Toten betrauern: die Stille bei einer Beerdigung oder die Schweigeminuten zum Gedenken an die Kriegstoten seit Ende des Ersten Weltkriegs. Diese Arten von Stille animieren uns, an die Verstorbenen zu denken und sie uns in Erinnerung zu rufen, zwingen uns aber auch dazu, unsere eigene Sterblichkeit zu reflektieren. Sie vereinen die Lebenden und die Toten in der Kontemplation über ein gemeinsames Ende.

Stille ist für die Musik essentiell. Die Pausen sind genauso wichtig wie die Noten. Aber darüber hinaus existieren in der Auseinandersetzung der klassischen Musik mit der Endlichkeit, mit dem Tod, besonders signifikante Formen der Stille, die auf das Nichts verweisen. Ich denke hier vor allem an ein Lied aus Schuberts großartigem Zyklus für Singstimme und Klavier, *Winterreise* – 24 Lieder, die 1827/28 entstanden. Dieses Werk wurde im Angesicht des herannahenden Todes komponiert. Schubert hatte sich 1823 mit der Syphilis angesteckt, und auch wenn sein Tod 1828 früh und unerwartet, möglicherweise durch eine Typhusinfektion kam, verbrachte er die letzten fünf Jahre seines Leben im Schatten eines vorzeitigen Endes und schuf in seinen letzten 18 Monaten Werke, aus denen ein Gefühl der Sterblichkeit zu sprechen scheint. Die *Winterreise* ist eine Reise in den Schnee, in weiße Leere, eine Reise fort von einer gescheiterten Liebesbeziehung. Auf seinem Weg blickt der Reisende tief in sich selbst, lotet die Tiefen von Einsamkeit und Isolation aus und ergibt sich der metaphysischen Hoffnungslosigkeit. Er lernt eine Lektion, die Samuel Beckett (der den Zyklus liebte) im 20. Jahrhundert aufgriff: «… man muss weitermachen, ich kann nicht weitermachen, man muss weitermachen, ich werde also weitermachen …», wie sein Roman *Der Namenlose* endet.

Im vierzehnten Lied, «Der greise Kopf», bemerkt der Wanderer, dass der Frost sein Haar hat weiß werden lassen. Die Musik in der Klavierbegleitung drückt angesichts dieser Verwandlung durch einen übermäßigen Quartsprung, jenes unselige Intervall, das die Musiker des Spätmittelalters *Diabolus in Musica* tauften, eine Art Grauen aus. Der Wanderer reagiert mit dem Ausdruck finsterer Befriedigung: dem Ende seiner Reise, unser aller Reise zum Tod, einen Schritt näher. Dann schmilzt der Frost, und unser Held ist wieder ein junger Mann – «Wie weit noch bis zur Bahre!» Auf Schuberts kaum harmonisierte Wiederholung dieses Ausrufs in niedrigerer Tonhöhe folgt eine Pause. Wenn ich den Zyklus singe, scheint es mir immer, als müsse diese Pause länger als gewöhnlich sein, als erfordere sie eine ausgedehnte, unnatürliche, fast schon unmusikalische Stille, in welcher Schubert, die Musiker und Zuhörer in den Abgrund schauen. Und wenn wir das biographisch verstehen wollen, als Ausdruck des leidenden Menschen Franz Schubert und weniger eines Schöpfergenies, dann scheint es, als wiederhole Schubert diese Zeile nicht, um zu betonen, wie weit wir noch von der Auflösung entfernt sind, sondern um deren Unausweichlichkeit zu begreifen, um über unsere eigene Sterblichkeit nachzusinnen. Die Stille weist hier in Richtung Tod.

Schubert hatte allerdings schon vor seiner Krankheit ein besonderes Talent für «Todesmusik», wie man sie bezeichnen könnte. Eines seiner frühesten, nie vollendeten Lieder trägt den Titel «Leichenphantasie»; ein anderes Werk, die wundervolle Vertonung eines Goethe-Gedichts, «Wanderers Nachtlied», ist eine paradoxe Evokation von Stille durch eine bestimmte Art von ruhiger Musik:

«Über allen Gipfeln
Ist Ruh',
In allen Wipfeln
Spürest du
Kaum einen Hauch;
Die Vöglein schweigen im Walde.
Warte nur, balde
Ruhest du auch.»

Die Instrumentalmusik, die Schubert in seinem letzten Lebensjahr schrieb, ist keineswegs von der Betrachtung der Sterblichkeit durchdrungen. Vieles davon ist Tanzmusik für Klavier – natürlich eine exzellente Ablenkung von morbiden Gedanken. Etliche der späten Werke sind zwar alles andere als morbide, scheinen jedoch zum Publikum als Andeutungen und Erkundungen der Vergänglichkeit menschlichen Lebens und der allgegenwärtigen Grenze des Todes zu sprechen. In seinem Buch *Real Presences (Von realer Gegenwart)* versuchte der Philosoph George Steiner die richtigen Worte zu finden, um jenen Gedanken, die so schwer greifbar sind, Ausdruck zu verleihen:

«Was wir sagen können, und diese Aussage übertrifft verantwortliches Wissen und reicht zugleich nicht an dieses heran –, ist, daß es Musik gibt, die die ernste Beharrlichkeit, die Endgültigkeit des Todes vermittelt und zugleich eine bestimmte Zurückweisung eben dieser Endgültigkeit darstellt. Diese duale Bewegung, dem Menschsein instinktgemäß, doch skandalös für die Ratio, wird evident, wird für spirituelle, intellektuelle und physische Wahrnehmung transparent in Schuberts Quintett in C-Dur. Man höre sich den langsamen Satz an.»[4]

𝄽

Benjamin Britten war ein Komponist, der während seiner gesamten Karriere mit dem Schrecken und der Unausweichlichkeit des Todes kämpfte und dabei Musik von transzendentaler Kraft schuf. Seine beunruhigenden und zugleich tröstenden Meditationen über den Tod gehören zum tiefgründigsten, was es gibt. Angefangen bei seiner ersten Symphonie mit dem Titel *Sinfonia da Requiem* stellte er den Tod schon sehr früh in seiner Laufbahn als Komponist ganz offen ins Zentrum seines Schaffens.

1939, einige Wochen nach dem Ausbruch des Zweiten Weltkriegs, erhielt er einen ungewöhnlichen Auftrag von der japanischen Regierung: Man bat ihn, eine Symphonie zur 2600-Jahrfeier der Mikado-Dynastie zu komponieren. Britten war bekanntlich Pazifist, und so erschien die Wahl des militaristischen japanischen Regimes ohnehin eigentümlich, aber Britten verschärfte die Sache noch: «Ich werde das so kriegsgegnerisch wie möglich machen», wie er im April 1940 ganz undiplomatisch gegenüber einer New Yorker Zeitung erklärte. Dass eine Nation, die zu der Zeit einen grausamen Krieg in China führte, ausgerechnet Britten beauftragt hatte, empfand sein Freund, der Komponist Lennox Berkeley, als «befremdliche Ironie». Das Werk, welches daraus resultierte, war die *Sinfonia da Requiem*. Sie wurde nicht nur öffentlich als Antikriegsstück eingeführt, sondern war auch in drei Teile geteilt, welche Titel aus den katholischen Totenmessen trugen. Wie zu erwarten, zog die japanische Regierung den Auftrag letzten Endes zurück: «Mr. Benjamin Brittens Komposition weicht zu sehr von den Vorstellungen des Komitees ab.»

Aber was beabsichtigte Britten überhaupt? War die *Sinfonia*, wie Brittens jüngster Biograph Paul Kildea nahelegt, vielleicht eine Art «Trojanisches Pferd», ein Antikriegsstück, das den

Japanern zu ihrem Jubiläum untergejubelt werden sollte? Angesichts Brittens sorglos ungefilterter öffentlicher Kommentare über das Stück ist das eher unwahrscheinlich. Er war jedenfalls verärgert, dass der Auftrag zurückgezogen wurde, was darauf hindeutet, dass ihm das nicht in den Sinn gekommen war. Offenbar hatte er törichterweise geglaubt, mit seinem politischen Bravado einfach so durchzukommen. Er hätte den Japanern das Stück ohne kontroverse öffentliche Kommentare überreichen können; aber letztlich war ein requiemartig strukturiertes Stück, das die Feier der Unsterblichkeit einer alten himmlischen Dynastie begleiten sollte, mehr als befremdlich.

Seinen verstorbenen Eltern gewidmet, besteht die *Sinfonia da Requiem* aus drei Sätzen, von denen jeder als eine Sequenz der alten Totenmesse gedacht ist – ein Lacrimosa, klagend; ein Dies Irae, angstvoll, nervös; ein Requiem aeternam, das um ewige Ruhe fleht. Als abstraktes Musikstück, mit oftmals Mahler'schen Zügen, entkommt es Brittens politischer Agenda und bewahrt die metaphorische Freiheit, die es ihm erlaubt, ein Protest gegen das Gemetzel des Krieges, ein musikalisches Manifest für den Frieden, zugleich aber eine persönliche Auseinandersetzung mit der Sterblichkeit in der Tradition der großen Requiems der Vergangenheit zu sein – jene von Mozart, Verdi, Fauré. Die Widmung an seine verstorbenen Eltern lässt den sehr persönlichen Kern des Werkes ermessen.[5]

𝄽

Britten verbrachte die ersten Kriegsjahre in den Vereinigten Staaten, wo er auch die *Sinfonia da Requiem* schrieb, wagte aber zu Kriegszeiten die gefährliche Atlantiküberquerung und kehrte 1942 nach England zurück. Dort begann er unverzüglich mit der Komposition einiger seiner großartigsten Werke, darunter seine Oper *Peter Grimes,* und gab im Rahmen seines Beitrags als registrierter Kriegsdienstverweigerer Konzerte. Er arbeitete zu dieser Zeit fast ausschließlich mit Worten. Da waren *Grimes;* sein Liederzyklus auf Italienisch, die *Seven Sonnets of Michelangelo;* seine Anthologie englischer Verse, die *Serenade für Tenor, Horn und Streicher*, die den Zuhörer in ihrem wehklagenden und schaurigen vierten Lied, dem Grabgesang «Like Wake Dirge», unmittelbar mit dem Tod konfrontiert. Britten entwickelte eine neue und kraftvolle Annäherung an die Vertonung englischer Poesie, ernsthaft auf die Verständlichkeit konzentriert, aber auch ohne Furcht vor Melismen, inspiriert vom größten englischen Komponisten des 17. Jahrhunderts, Henry Purcell.

Im Juli 1945, als der Krieg in Europa gerade zu Ende war, wurde Britten von seinen englischen Verlegern Boosey und Hawkes zu einer Party eingeladen. Dort traf er den überall enthusiastisch gefeierten Geiger Yehudi Menuhin. Menuhin hatte einer jüdischen Organisation, die mit den Vereinten Nationen zusammenarbeitete, seine Dienste angeboten. Sie wollten mit dem Pianisten Gerald Moore ins kriegszerstörte Deutschland reisen, um gemeinsam für die Überlebenden des Konzentrationslager Bergen-Belsen in Niedersachsen und für die deutsche Zivilbevölkerung der Umgebung zu spielen – «in den traurigsten Ruinen des Dritten Reichs», wie Menuhin es später formulierte. «[Das war nur eine Woche] bevor ich nach Deutschland gehen sollte, um für die Vertriebenen in den Lagern zu spielen. Ben wollte unbedingt, um jeden Preis mit uns kommen … und er kam auch tatsächlich mit.»

Britten ersetzte Gerald Moore als Menuhins Begleiter. Das war Brittens letzte Tätigkeit als Kriegsdienstverweigerer im

Dienste der ENSA, der Entertainments National Service Association. Da er sich geweigert hatte zu kämpfen, muss die Interaktion zwischen dieser Reise und seinem Gewissen sehr komplex gewesen sein. Sie gaben «zwei & manchmal drei Konzerte am Tag», schrieb Britten, vor Zuhörern, in mitunter «erbärmlichem Zustand, die kaum still dasitzen & lauschen konnten und doch voller Freude und Aufregung waren, dass man für sie spielte». «Unser Publikum, Männer wie Frauen, war in Armeedecken gekleidet, die geschickte Schneider unter ihnen in Röcke und Anzüge verwandelt hatten. Zweifellos hatten sie in den wenigen Wochen seit ihrer Rettung ein wenig Fleisch auf die Rippen bekommen, aber unseren naiven Augen erschienen sie hoffnungslos ausgezehrt, und viele waren immer noch auf dem Krankenrevier.»

Die Cellistin Anita Lasker-Wallfisch, eine Holocaust-Überlebende, befand sich bei diesen Konzerten unter den Zuhörern und schrieb einige Zeit später darüber:

> «Was den Begleiter angeht, so kann ich nur sagen, dass ich mir nichts Schöneres [oder] Wundervolleres vorstellen kann. Eigentlich nahm man gar nicht wahr, dass es überhaupt eine Begleitung gab, und doch musste ich diesen Mann wie gebannt anstarren, als er da zwischen Stuhl und Tastatur gleichsam zu schweben schien und dabei so fantastisch spielte.»

Als man ihn in den 1960er Jahren drängte, seine Erlebnisse in Deutschland 1945 zu beschreiben, sagte Britten nur: «Wir gaben zwei oder drei kurze Rezitale am Tag – die Leute konnten gar nicht mehr aufnehmen. Es war in vielerlei Hinsicht ein verstörendes Erlebnis.» Nach Brittens Tod berichtete sein Partner, der Tenor Peter Pears, diese Erfahrung habe «alles gefärbt, was er danach noch schrieb».

Wieder in London, stürzte sich Britten kopfüber und buchstäblich fieberhaft (da er unter den Nachwirkungen einer Typhus-Impfung litt) in die Komposition eines seiner bedeutendsten Liederzyklen, *The Holy Sonnets of John Donne*, in denen der Tod ganz im Vordergrund steht. Sein vorangegangener Zyklus für Tenor und Klavier, die *Seven Sonnets of Michelangelo,* war eine außerordentlich mutige und unverhüllte Liebeserklärung an seinen Partner, den ersten Sänger des Zyklus, Peter Pears, gewesen, auch wenn sich das Bekenntnis zu seiner Sexualität hinter der Vielschichtigkeit von Michelangelos Renaissance-Poesie verbarg. Indem er sich entschied, die Gedichte Donnes zu vertonen, wechselte Britten vom 16. zum 17. Jahrhundert, von manieriertem Italienisch zu metaphysischem Englisch, von der Liebe zur Konfrontation mit Tod und Sünde. Der Zyklus wurde am 19. August 1945 vollendet, zehn Tage, nachdem die zweite Atombombe über der japanischen Stadt Nagasaki abgeworfen worden war und damit der Pazifikkrieg ein Ende fand. Das Werk war im Schatten des Grauens entstanden und wurde von Britten und Pears am 22. November in Wigmore Hall uraufgeführt.[6]

𝄽

Der Dichter und Geistliche John Donne hatte eine komplexe, angstbeladene und obsessive Beziehung zum Tod, von heterodoxen Einflüssen durchzogen. 1608 schrieb er auf Englisch die erste Abhandlung zur Rechtfertigung des Suizids, *Biathanatos*. Zu seiner Zeit war es ein schockierendes Werk, das erst nach Donnes Tod veröffentlicht wurde, denn es deutete an, dass womöglich sogar Jesus Christus Selbstmord beging. Dennoch begann er 1615 eine steile Karriere als Priester in der Church of

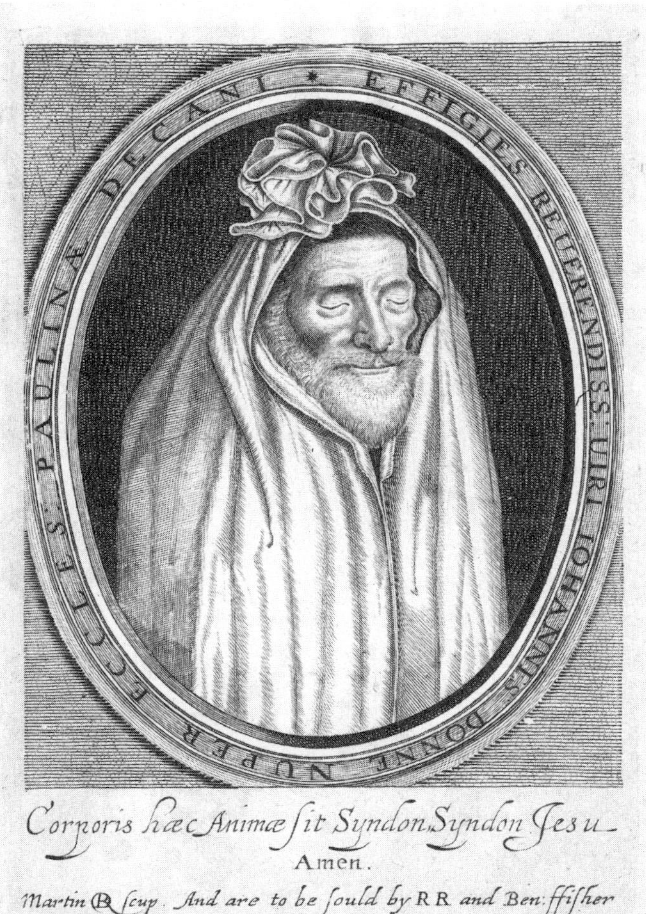

Martin Droeshout, *John Donne*, 1633, Strichgravur.

England, der Orthodoxie verpflichtet, und stieg 1621 zum Dekan von St. Paul's Cathedral auf. Seine Auseinandersetzungen mit der Unausweichlichkeit des Sterbens sind bestürzend intensiv. Einige Wochen vor seinem Tod wurde ein Porträt von ihm in seinem eigenen Totenhemd angefertigt. Außerdem wurde er berühmt dafür, dass er kurz vor seinem Tod, in der Passionszeit 1630, seine eigene Grabrede schrieb, bereit, an die «Lippen jenes Strudels, das Grab» geworfen zu werden.[7] Sie wurde nur wenig später als «Death's Duell», Todesduell, publiziert.

In seiner «Hymn to God the Father», ein Gedicht, das Pears und Britten ganz besonders liebten,[8] schalt sich Donne selbst für seine vielen Sünden bis hin zur entscheidenden «Sünde der Furcht, dass, wenn gesponnen ist / mein letzter Faden, ich soll zugrunde gehen an den Ufern»[9]: eine Furcht, dass der Tod wirklich das Ende von allem und die Passage von der Erde ins Jenseits nur eine Illusion ist. Das war für Donne ein Sündeneingeständnis, eine unorthodoxe Infragestellung der Doktrin des Lebens nach dem Tod; aber diese Verse drückten auch eindringlich seinen persönlichen und innersten Widerstand gegen das Nichts, gegen den Untergang aus, die seinem Empfinden nach womöglich sogar schlimmer wären als die Schrecken der Verdammnis.

Die *Holy Sonnets* – sowohl Donnes als auch Brittens – sind alles andere als ruhig und resigniert. Sie sind laut, angsterfüllt und beängstigend. Wie der Kritiker John Carey schrieb: «Die Aussicht auf Auslöschung … widerstrebte Donne in höchstem Maße. Wenn er über den Tod schreibt, so möchte er ihn aktiver und positiver machen als das Leben und damit seine Tödlichkeit negieren.»[10] Aber diese zugrunde liegende, fundamentale Angst vor der Auslöschung mündet in die orthodoxe protestantische Furcht vor der ewigen Verdammnis als Sold der Sünde – jenes Thema, das sich durch die meisten von Donnes 19 *Holy Sonnets* zieht. So fließt eine Art panikgetriebener Energie durch große Teile seiner herausragenden und extravaganten Sprache, doch wird diese Energie durch die Form des Sonetts gezügelt, die früher fast ausschließlich der Liebeslyrik diente.

Unter den neun Sonetten, die Britten auswählte, um sie zu vertonen, sind einige von Donnes verzweifeltsten Gedichten. Etwa jenes (Sonett 1):

«Thou hast made me. And shall thy work decay?
Repaire me now, for now mine end doth haste,
I runne to death, and death meets me as fast,
And all my pleasures are like yesterday,
I dare not move my dimme eyes any way,
Despaire behind, and death before doth cast
Such terrour, and my feeble flesh doth waste
By sinne in it, which it t'wards hell doth weigh;
Onely thou art above, and when towards thee
By thy leave I can looke, I rise againe
But our old subtle foe so tempteth me,
That not one houre my selfe I can sustaine,
Thy Grace may wing me to prevent his art,
And thou like Adamant draw mine iron heart.»[11]

«Du schufest mich. Und soll dein Werk vergehn?
Nun, da mein Ende naht, gewähr mir Halt.
Ich fahr zum Tod, und Tod trifft mich so bald,
Und meiner Freuden keine wird bestehn.

Mein Aug ist starr: erblicken darf es nicht
Zerstörung hinter mir, Tod, der mich grüßt
Mit solchem Schrecken, und, von Sünden wüst,
Mein Fleisch beschwert die Waage, bis sie bricht.

Nur du wachst über mir, und wenn mein Blick
Zu dir sich öffnet, fühl ich mich befreit,
Doch Satan unser Feind stößt mich zurück,
Und keine Stunde bleibt vor ihm gefeit.

Nur deine Gnade stillt der Hölle Schmerz,
Ziehst du wie Adamant mein eisern Herz.»[12]

Die Angst, die Donne hier beschwört – «Ich fahr zum Tod, und Tod trifft mich so bald» –, wird von Britten brillant übertragen, denn die Finger des Pianisten scheinen einander auf der Tastatur in einem Moto-Perpetuo-Todestanz zu jagen. Die Stimme fordert ihren Schöpfer heraus – «Du schufest mich. Und soll dein Werk vergehn?» – und schließt sich dann dem hastenden Entsetzen in der Klavierbegleitung an. Als das Gedicht kurz zu Gott aufblickt, schwingen sich Stimme und Klavier in ein ätherisches oberes Register auf, das Lied endet jedoch mit einer überaus brutalen Klaviercoda, mit Akkorden, die das Denken scheinbar zerschmettern wollen. Diesem Lied ist etwas tief emotionales eigen, der Ausdruck einer persönlichen und überwältigenden Todesangst, ungeachtet der theologischen Feinheiten des Gedichtes selbst, mit seiner Aussicht auf Erlösergnade.

Als Ganzes sind die Lieder eine Aneinanderreihung und wechselnde Folge von eindringlicher Wehklage, Energie, Heftigkeit und Furcht. Im Zentrum befindet sich gefühlt, wenn nicht sogar buchstäblich, eine Oase: das Sonnet, das Donne 1617 nach dem Tod seiner Frau schrieb, «Since she whom I loved» («Da nun jene, die ich liebte»), das Britten in einem schmerzerfüllten Rhythmus vertonte, zwei Schläge in der Stimme gegen drei im Klavier – was in der Praxis in einem so langsamen Tempo schwer durchzuhalten ist, jedoch die Sehnsucht des Verlustes spürbar macht.

Privates und Öffentliches gehen in diesem Zyklus stets Hand in Hand. Brittens Fieberhaftigkeit im Sommer 1945, die den Charakter des Werkes offenbar in großen Teilen prägte, kündigt sich zu Beginn an, wenn der Dichter «von Krankheit, des Todes Boten und Handlanger» gerufen wird («summoned by sicknesse, death's herald, and champion»), und sie kehrt wieder mit dem «fantastischen Fieberfrost» («fantastique ague») des vierten Liedes «O to vex me» («O um mich zu quälen»). Auf öffentlicher Ebene ist die Rede von Tyrannei, Mangel, Gefängnis, Hinrichtung, Krieg – Worte, die bei den Zuhörern 1945 und bei einem Menschen, dem Komponisten, der Zeuge der Folgen finsterster Schrecken der Naziherrschaft wurde, ganz bestimmte Anklänge weckten. Es gibt in den Liedern ein fortwährendes Wechselspiel zwischen Vorstellungen von Sünde, Buße, Gnade, Verzeihen und Vergeben, welche die Sphären des Persönlichen und Gesellschaftlichen im Bewusstsein von Krieg und Vernichtung umspannen. Es ist schwer, die Worte des fünften Liedes, «Was, wenn die heutige die letzte Nacht der Welt wäre?» («What if this present were the world's last night») zu hören, ohne an die schreckliche Zerstörungswut des Krieges und die damals noch sehr gegenwärtigen Katastrophen von Hiroshima und Nagasaki zu denken.

Das letzte Lied der *Holy Sonnets* ist das vielleicht berühmteste Gedicht der Reihe – «Death be not proud» («Tod, sei nicht stolz»). Für den Kritiker John Carey lag «die Kraft dieses Gedichtes» zum Teil darin begründet, dass «seine Argumentation so schwach» ist. «Seine schlecht sortierten Begründungen überstürzen sich ohne ersichtliche Ordnung und spiegeln so innere Verwirrung.»[13] Donnes Sonett-Form zähmt diese Unordnung, und auch wenn Brittens Vertonungen von Donne das metrische Schema der Verse oft durchbrechen oder verwischen, hält seine Komposition für dieses Lied, ähnlich wie die Sonett-Form, das Chaos doch emotional auf Distanz. Verglichen mit den anderen Liedern des Zyklus pulsiert dieses mit einer ominösen Ruhe. Britten komponierte hier eine Passacaglia mit einer fünftaktigen Basslinie: im Grunde Variationen über ein Ostinatomuster, das ein Gefühl der Zeitlosigkeit erzeugt. Das Stück wirkt würdevoll, selbstsicher und ruhig. Sogar die Verweise auf Schicksal, Zufall, Könige, verzweifelte Männer, Gift, Krieg und Krankheit («warre and sicknesse») – deren aller Sklave der Tod ist – besitzen eine Art losgelöster Grandeur. Wie so häufig im Lied-Repertoire offenbart uns die formale Analyse *eine* Seite, die Aufführung selbst aber eine andere, da Worte und Musik in Spannung zueinander stehen. Britten vertont nicht einfach den Text, sondern schafft einen Kommentar dazu, der in seiner Losgelöstheit das Unangemessene dieser Liste von Anfechtungen der Todesmacht nur verstärkt. Wenn, in widersprüchlichem Trotz gehalten, jene berühmten letzten Worte ertönen – «Tod, du wirst sterben» –, dann klingen sie hohl.

Donnes *Holy Sonetts* sind Ausdruck der Paradoxa und Spannungen eines Geistes, der sich psychologisch und poetisch den Tod bewusst macht: Es handelt sich um Gedichte, die, wie John Carey bemerkt, das Produkt eines starken Egos sind, das die Unausweichlichkeit seines eigenen Niedergangs nicht akzeptieren kann. Britten macht aus ihnen etwas, das sich natürlich mit jener ichbezogenen Angst auseinandersetzt, aber da sein Zyklus öffentlich aufgeführt und von zwei Männern interpretiert werden sollte, die eng zusammenarbeiteten und sich hingebungsvoll liebten, erreicht er in vielerlei Hinsicht bereits eine andere Ebene.

Jenes – nicht arithmetisch, aber emotional – zentrale Lied «Since she whom I loved» («Da nun jene, die ich liebte»), das Lied über den Tod von Donnes Frau, enthält Worte, die trotz Donnes Trauer deutlich machen, dass der Dichter das Thema seiner eigenen Erlösung weiterhin in den Fokus stellte. «Aber weshalb sollte ich [bei Gott] um mehr Liebe bitten», «why should I beg *more* love», schreibt er und spielt dabei mit dem Nachnamen seiner Ehefrau, eine geborene Anne More, der im Sonett die Rolle zukommt, ihn zu Gott zu führen. Brittens Musik setzt einen ganz anderen Akzent, indem er die Musik mit der ungeheuren Wärme großherziger Liebe füllt, die uns an das ebenso ruhige und schwelgerische dritte Lied seiner Michelangelo-Sonette, ein freimütiges Liebeslied, erinnert.

Darüber hinaus war der Zyklus als Ganzes, von Sünde und Tod durchtränkt, für sein Publikum im Spätherbst 1945 jedoch sicherlich so etwas wie eine Meditation über die Schrecken eines sechs Jahre währenden totalen Krieges und eine Abrechnung mit diesem. Das ist etwas, worauf Britten in seiner Musik immer wieder zurückkommt: eine Verschmelzung der öffentlichen und persönlichen Vision des Todes, eine innere Auseinandersetzung mit seiner individuellen Bedeutung, aber auch mit seinem öffentlichen Kontext. Der tiefe Kern von Brittens Zyklus – der sich bei der Aufführung jedem Interpretenduo und schließlich dem Publikum offenbart – ist ein außergewöhnliches und beängstigendes Gefühl von Schuld, die komplexe Schuld, die Britten als Nichtkombattant nach seinem Aufenthalt im befreiten Bergen-Belsen empfunden haben muss, und der berechtigte Zorn eines Pazifisten angesichts der grauenvollen Zerstörung in der Gegend rundherum durch die moderne Kriegsführung. Diese unweigerliche Spannung befeuert den Zyklus. Umso auffallender ist, dass in jenem großen öffentlichen Werk, das er als Klage und Erinnerung an den Zweiten Weltkrieg schrieb, seinem 1962 entstandenen *War Requiem*, weder die Vernichtung durch die Nazis noch die Luftangriffe direkt thematisiert werden.

Es gibt noch einen Epilog zu Brittens *Holy Sonnets*, einen kompletten Bleistiftentwurf mit der Vertonung eines Prosastücks von Donne, der 17. «Meditation» aus den *Devotions upon emergent Occasions* (Andachtsübungen bei dringlichen Anlässen) mit seinem überaus berühmten (durch Hemingway unsterblich gewordenen) Vers «for whom the bell tolls» («Wem die Stunde schlägt»).[14] Er wurde in Brittens Manuskript ausgestrichen, nicht publiziert und scheinbar auch nie gesungen, bis man ihn nach dem Tod des Komponisten wiederentdeckte. Dies ist der Text, den Britten vertonte:

> «PERCHANCE he for whom this bell tolls may be so ill, as that he knows not it tolls for him;
>
> The bell doth toll for him that thinks it doth; and though it intermit again, yet from that minute that this occasion wrought upon him, he is united to God.
>
> Who bends not his ear to any bell which upon any occasion rings? But who can remove it from that bell which is passing a piece of himself out

of this world? No man is an island, entire of itself; every man is a piece of the continent, a part of the main.

If a clod be washed away by the sea, Europe is the less, as well as if a promontory were, as well as if a manor of thy friend's or thine own were: any man's death diminshes me, because I am involved in mankind, and therefore never send to know for whom the bell tolls; it tolls for thee.»[15]

«Vielleicht ist jener, für den diese Glocke schlägt, so krank, dass er nicht weiss, sie schlägt für ihn;

Die Glocke schlägt dem, der glaubt, sie gelte ihm; und auch wenn sie wieder schweigt, so ist er doch von der Minute an, da dies Ereignis ihn ereilt, mit Gott vereint.

Wer neiget nicht sein Ohr der Glocke, die zu jedwedem Anlass klingt? Und wer kann es wieder abwenden, von dieser Glocke, die ein Stück seiner selbst aus dieser Welt hinaus trägt? Kein Mensch ist eine Insel, in sich ein Ganzes; jeder Mensch ist ein Stück des Kontinents, ein Teil des Festlandes.

Wird auch nur ein Erdklumpen vom Meer weggeschwemmt, so ist Europa gemindert, als wär's eine ganze Landzunge, als wär's ein Landgut gewesen, das deinem Freund oder dir gehört. Der Tod eines jeden Menschen mindert mich, weil ich in die Menschheit eingewoben bin. Lass daher niemals nachfragen, für wen die Glocke schlägt: Sie schlägt für dich.»[16]

Brittens Komposition ist so markant, weil sie als Vertonung für Singstimme eigentlich fast keine Vertonung ist. Das Klavier leitet das Stück mit einer Fis-Oktave ein, die dreimal wiederholt wird, *sempre mezzo piano*. Diese wiederholten Noten setzen sich durch das Stück hindurch fort, da die Stimme mit demselben Ton, einem Fis, einsetzt, dann frei intoniert, singt, den Text spricht, quasi im Parlando, alles auf dem Fis, während das Klavier sie weitgehend mit Akkorden begleitet. Die *mezzo piano* gespielten Fis-Töne im Klavier kehren während des gesamten Stückes unablässig wieder.

Dieses immer wiederkehrende Motiv ist natürlich der beharrliche, mahnende Glockenschlag aus Donnes «Meditation». In ihm schwingt Soziales und Persönliches gleichermaßen mit, denn die «Meditation» ist nicht nur eine Erinnerung daran, dass wir alle miteinander verbunden sind, dass wir alle Teil voneinander sind, dass jeder Tod uns mindert, sondern sie enthält ebenso die Erkenntnis, die stets mit der Trauer um andere einhergeht – sei es eine Beerdigung oder eine Schweigeminute –, dass dies unsere gemeinsame Bestimmung ist. «Frag nicht, für wen die Glocke schlägt: Sie schlägt für dich.» Öffentliches und Privates sind hier verwoben, ebenso wie Gesellschaftliches und Persönliches.

Dieser Epilog ist ein brillantes strukturelles und kompositionelles Manöver von Britten, denn mit den schlagenden Glocken des Epilogs offenbart sich rückblickend, dass es sich auch bei den hämmernden, unbarmherzigen Oktaven zu Beginn des Zyklus – im ersten Sonett «O my blacke Soule» – ebenfalls um Glocken handelt, wenn auch um sehr furchterregende. Es sind Glocken, die im einleitenden Sonett als Künder von Krankheit, «des Todes Boten und Handlanger», erklingen. In der «Meditation», mit der Britten seinen Zyklus ursprünglich abschließen wollte, ist Donne mit einem gefährlichen Fieber ans Bett gefesselt, und der Klang der Totenglocke, die läutet, weil ein Nachbar gestorben ist, lässt seine Gedanken kreisen.

Wie wir wissen, musste auch Britten, ebenso wie Donne, mit Fieber das Bett hüten, während er komponierte.

Und so verwebt diese gedämpfte Vertonung der «Meditation» Brittens persönlichen Zustand und eine öffentliche Solidaritätserklärung mit dem Leid des befreiten Europa. Wir können nur darüber spekulieren, warum er sie wieder strich. Vielleicht war der Grund ganz einfach der, dass der Epilog zu explizit war im Hinblick auf Brittens Zustand und den Zustand Europas. Vielleicht lag es an einer Art Unbehagen, einer Verlegenheit, wofür auch spricht, dass Britten sich kaum über seine Erlebnisse in Deutschland 1945 äußern wollte. Der Schrecken und das Mitgefühl, das Schuldgefühl und die Wut der *Holy Sonetts of John Donne* in ihrer endgültigen Form zirkulieren im Bereich des Metaphorischen autonom, ohne Erklärung – was uns nicht davon abhält, über ihre Ursprünge zu diskutieren.

𝄽

Jene Totenglocken, die Donne auf seinem Krankenbett riefen, kehren in Brittens größtem öffentlichen Trauerwerk wieder, seinem *War Requiem*, das er 1962 zur Neuweihe der ausgebombten Coventry Cathedral komponierte. Schon vor diesem Auftrag hatte Britten über seine Pläne für «eine Messe ... eine ziemlich traurige europäische 20. Jahrhundert-Angelegenheit» gesprochen, und so kam die Anfrage aus Coventry im Oktober 1958 genau zur richtigen Zeit. Die Idee entsprang seinem Innersten, wurde jedoch letztlich als ein sehr prominenter und öffentlicher Auftrag ausgeführt. Britten schrieb das Stück für sich selbst und für die ganze Welt.

Das gesamte Werk verkörpert einen Dialog zwischen Privatem und Öffentlichem. Es alterniert zwischen einer großangelegten und musikalisch anspielungsreichen Vertonung der Requiemmesse für Solosopran, Doppelchor und Symphonieorchester (Requiem aeternam, Dies irae, Offertorium, Sanctus, Agnus Dei und Libera me) und Kompositionen für Kriegsgedichte von Wilfred Owen für Bariton, Tenor und Kammerorchester in Brittens persönlichstem und hermetischstem Stil. Die ganze Messe beginnt mit schlagenden Glocken, Fis (ein unterschwelliges Echo des Donne-Zyklus?) und dann C, ein Tritonus, der berüchtigte *diabolus in musica* oder «Teufel in der Musik». Irgendetwas stimmt hier nicht ganz. Die erste Owen-Vertonung ist sein «Anthem for Doomed Youth» («Hymne für verlorene Jugend») – «What *passing bells* for these who die as cattle»[17] («Welch' *Sterbeglock'* für die, die Vieh gleich sterben?»), Totenglocken, die uns vielleicht an jene Donne-Meditation erinnern, die Britten etwa 20 Jahre zuvor zwar vertont, dann jedoch wieder gestrichen hatte.

Dass sich Britten Wilfred Owen als Dichter des Ersten Weltkriegs ausgesucht hatte, war überaus brillant. Von allen Kriegsdichtern war es nur Owen gelungen, die Tropen und sprachlichen Eigenarten der religiösen Tradition Englands zu modulieren, wodurch seine Poesie wiederum einen ironischen Kontrapunkt zum Text der lateinischen Requiemmesse zu setzen vermag. So sind jene schlagenden Glocken, die das Werk einleiten, auf die Totenglocken des «Anthem for Doomed Youth» abgestimmt – die eigentlich keine Glocken sind, sondern «der Geschütze monströser Groll» oder der «stotternden Schüsse hastiges Rasseln» («Only the monstrous anger of the guns. Only the stuttering rifles' rapid rattle …»). Die «tuba mirum spargens sonum» (die wundersamen Klang verbreitende Trompete) des Dies irae wird zum Ton der «Hörner …, welche durch die Abendluft klagen» aus Owens unvollendetem Gedicht «But I was looking at the permanent stars» («Aber ich schaute hinauf zu den ewigen Sternen»). Die Erhabenheit – oder das Getöse? – von «Rex tremendae majestatis» («König schrecklicher Gewalten») stolpert in die Bühnenposse der Vertonung von «The Next War» («Out there we've walked quite friendly up to death» – «Da draußen gingen wir ganz freundlich auf den Tod zu»), in der zwei Kriegskameraden, Tenor und Bariton, ihren «alten Kumpan», den Tod, auslachen. Die Schilderung der Verheißung Gottes an Abraham und seine Kinder, die Verheißung ewigen Lebens, im Offertorium greift Owens Neugestaltung der alttestamentlichen Geschichte von Abraham und Isaac auf. In seinem Canticle 2 für Tenor, Alt und Klavier hatte Britten die Geschichte von Abraham und Isaac bereits nach der Vorlage eines mittelalterlichen Mysterienspiels vertont. Die Handlung ist uns vertraut und dennoch verwirrend: Gott befiehlt Abraham, seinen Sohn Isaac zu opfern, lenkt allerdings – zufrieden mit Abrahams Gehorsam – in letzter Minute ein. Teile aus dieser früheren Komposition nutzt Britten erneut für seine Vertonung von Owen, aber in dessen Neuerzählung ist die Pointe düster und vernichtend ironisch – der alte Mann weigert sich, Gottes Barmherzigkeit im letzten Moment anzunehmen und «schlachtete seinen Sohn und die halbe Saat Europas, einen nach dem anderen» («slew his son, and half the seed of Europe one by one»).

Brittens *War Requiem* ist trotz aller niederschmetternd ironischen Gegenüberstellungen kein simpler Akt von nonkonformistischem Pazifismus. Es ist voller Paradoxa, wie sie alle großen Kunstwerke enthalten, und obwohl Britten auf seiner pazifistischen Botschaft beharrte, kann es nicht auf eine Reihe propagandistischer Gemeinplätze reduziert werden – Krieg ist schlecht, Regierungen, die Kriege führen, sind heuchlerisch.

Das ist zweifellos wahr, aber das *Requiem* auf solch offensichtliche Trivialitäten zu reduzieren, beraubt es seiner vieldeutigen Kraft.

Dieses Stück wurde in Auftrag gegeben, um der Zerstörung der Kathedrale von Coventry im Zweiten Weltkrieg zu gedenken, es verarbeitet jedoch die Klänge und Erfahrungen der Grabenkämpfe des Ersten Weltkriegs. Genozid und Luftangriffe werden ausgespart – obwohl Britten spät in seinem Leben die vielleicht niederschmetterndste Reaktion auf den Krieg aus der Luft schrieb, seine Vertonung von William Soutars «The Children» aus dem 1969 entstandenen Zyklus *Who Are These Children (Wer sind diese Kinder?)*: «Blut von Kindern starrt von zerborstenem Stein» («The blood of children stares from the broken stone»).[18]

Bei alldem darf man nicht vergessen, dass Owen selbst kein Pazifist war und immer weiter kämpfte, bis er eine Woche vor dem Waffenstillstand im November 1918 fiel. In seinem Exemplar von Edmund Blundens 1931 verfasster Gedenkschrift für Owen, die zum Vorwort einer Sammlung seiner Gedichte wurde, markierte Britten die folgende Passage:

> «Ich habe bereits ein Licht erkannt, das niemals in die Glaubenslehre irgendeiner nationalen Kirche vordringen wird: nämlich, dass eines von Christi grundlegenden Geboten war: Passivität um jeden Preis! Leid, Schmach und Schande, aber niemals zu den Waffen greifen! Schikaniert werden, Gewalt erdulden, getötet werden; aber nicht selbst töten. Es mag eine Chimäre sein und ein entwürdigendes Prinzip, aber so ist es. Es kann nur ignoriert werden; und ich denke, die Kanzelredner ignorieren es sehr geschickt und tatsächlich erfolgreich … Und bin ich nicht selbst ein Kriegsdienstverweigerer mit einem Brandmal im Gewissen?»[19]

Das scheint eine sehr treffende Schilderung der Spannung zu sein, welche in Brittens Werk eine so wichtige Triebfeder ist – «ein Kriegsdienstverweigerer mit einem Brandmal im Gewissen» –, Owens Gewissen war gebrandmarkt, weil er kämpfte und tötete, das von Britten, weil er es nicht tat.

Brittens *War Requiem* ist ein Werk, mit dem ich mich sehr stark verbunden fühle. Ich sang es zum ersten Mal 1994, noch bevor ich ein professioneller Sänger wurde, in Guildford, England, und Freiburg, Deutschland, als Teil eines Gedenkaktes zum 50. Jahrestag der Bombardierung Freiburgs im November 1944. Seitdem habe ich es 84-mal aufgeführt. Ich habe das Stück also in Konzerten und Proben viele, viele Male von Anfang bis Ende verfolgt. Es ist natürlich schwierig, mit bloßen Worten eine Reaktion auf ein solches Werk zusammenzufassen, aber mein Gefühl ist – abgesehen vom unzerstörbaren Charakter des *Requiems*, seiner anhaltenden Intensität und seiner Fähigkeit, Interpreten und Orchester zu berühren und in seinen Bann zu ziehen – jedes Mal, dass diese gewaltige und eindrucksvolle Struktur, dieses sehr öffentliche Stück, sich gleichwohl im Kern um dieselben persönlichen Anliegen dreht, die auch einen Zyklus wie die *Holy Sonnets* beseelen. Das *War Requiem* ist ein Gedenkwerk, aber seine Trauer um die verlorenen Toten wird noch verstärkt durch die Betrübnis und den Schrecken der Vergänglichkeit menschlichen Lebens und durch jene unweigerliche Mitschuld am Leiden, die bei jeder Aufführung von Neuem evoziert wird. Persönliches und Zwischenmenschliches sind schonungslos und eindringlich miteinander verwoben.

𝄽

Es versteht sich von selbst, dass die Musik, die Benjamin Britten schrieb, ausnahmslos zur öffentlichen Aufführung bestimmt war, aber sie konnte gefühlt und ästhetisch mehr oder auch weniger öffentlich sein, in Stil und Vertonung mehr oder weniger intim wirken, stärker oder weniger stark mit privaten Gedanken, Ängsten, Spannungen, Schuldgefühlen oder Schwierigkeiten aufgeladen sein. Das *War Requiem* enthält zweifellos eine Menge solcher mehr oder weniger verborgenen Geheimnisse, aber es ist mit Sicherheit das öffentlichste Stück, das Britten jemals schrieb. Die Art des Auftrags, das Maß an öffentlicher Aufmerksamkeit, die umfangreichen Verkäufe des LP-Box-Sets, welches kurz nach den ersten Aufführungen produziert wurde, machten das *War Requiem* zu *dem* Nachkriegswerk der klassischen Musik. Es wurde nahezu einhellig als Meisterwerk bejubelt, allerdings äußerten sich einige Kritiker auch verächtlich über den riesigen Wirbel, der um das Stück gemacht wurde. Strawinsky, der größte lebende Komponist, witzelte mit einem Wortspiel über die «Britten-battle»-Stimmung und empfahl den Zuhörern, eine Packung Taschentücher bei der Hand zu haben.[20]

Britten war der öffentliche Erfolg des *War Requiem* unangenehm («nichts ist so nutzlos wie der Erfolg oder kränkt einen mehr als das bereitwillige Urteil der Presse, es handle sich um ein ‹Meisterwerk›», wie Strawinsky schrieb[21]), und damit endete eine bestimmte musikalische Phase in seinem Leben. Er komponierte keines seiner nachfolgenden bedeutenden Werke in einer derart öffentlichkeitswirksamen Art und Weise. Sein musikalischer Stil wurde kantiger, moderner. Die Kirchenparabeln, die innerhalb der nächsten zehn Jahre entstanden, darunter *Curlew River,* waren herausfordernd unkonventionell und eigenwillig. Er schrieb ein wenig intime Kammermusik (etwa Cellosonaten für Rostropowitsch) und eine Fernsehoper, *Owen Wingrave*, die wenig Beachtung fand. Das wirklich große Werk, das er noch schuf, war seine letzte Oper *Death in Venice* (1973), basierend auf Thomas Manns 1911 entstandener Novelle.

Die Geschichte kennt man zur Genüge. Der gefeierte Autor Gustav von Aschenbach leidet unter einer Schaffenskrise. Als er durch seine Heimatstadt München spaziert, führt ihn sein Weg bis zu einem Friedhof, wo er auf einen seltsamen Fremden trifft, dessen Erscheinung in ihm den Drang weckt, gen Süden zu reisen, um seine Schreibblockade zu durchbrechen. Er fährt nach Venedig und fühlt sich während seines Aufenthalts dort immer stärker zu einem jungen polnischen Knaben, Tadzio, hingezogen, der im selben Hotel am venezianischen Lido wohnt. In Venedig bricht die Cholera aus, und Aschenbach versäumt es, Tadzios Familie vor der Gefahr zu warnen, während er selbst ebenfalls noch bleibt. Letztlich bereitet Tadzios Familie doch ihre Abreise vor. Aschenbach stirbt – an der Cholera, an einem Herzinfarkt, an künstlerischer Erschöpfung –, während er beobachtet, wie Tadzio am Strand von einem anderen Jungen zu Boden gerungen wird und danach ins Meer hinaus läuft.

Die biographische Kritik hat ihre Tücken, ist jedoch immer sehr verlockend, und mir als Sänger hilft sie oft dabei, mit den Werken, die ich interpretieren möchte, zurechtzukommen. Der autobiographische Aspekt an Thomas Manns und Benjamin Brittens Beschäftigung mit Aschenbachs Geschichte ist aber natürlich nicht neu.

Fast alles, was Aschenbach auf seinem Weg nach Venedig und nach seiner Ankunft dort erlebt, widerfuhr auch Mann, als er die Stadt 1911 in Begleitung seiner Familie besuchte. Angefangen mit dem Fremden auf dem Münchner Friedhof über den alten Stutzer mit den rotgeschminkten Wangen an Bord des Schiffes nach Venedig, dem schroffen, überheblichen Gondoliere auf dem Weg zum Hotel des Bains, bis hin zur Erscheinung eines faszinierenden polnischen Knaben und dem Einzug der Cholera. Der entscheidende Unterschied ist aber natürlich, dass Mann nicht in Venedig blieb, um dort zu sterben.

Britten hegte eine unerschöpfliche Faszination für Venedig, wie Edward Said es formuliert, «als ein entfernter Ort, an den man immer wieder zurückkehren kann, und wo er jenen immensen Speicher der kulturellen Erinnerung verorten und finden konnte, den seine Vorgänger gefüllt hatten».[22] Wie es heißt, war die Stadt jedoch auch Schauplatz einer Krise in Brittens Leben, als ihn während der Proben für die Premiere seiner Oper *The Turn of the Screw* am Teatro La Fenice eine gefährliche Leidenschaft für den Jungen packte, der die Rolle des Miles spielte, David Hemmings. Das schafft einen Bezug zur Entstehung der Novelle *Tod in Venedig*, da Mann teilweise durch seine eigene Obsession für einen Jungen in Venedig während des Ferienaufenthalts dort mit seiner Frau 1911 zu dieser Erzählung angeregt worden war. Aber wie bei Mann war die Besessenheit von der Schönheit der Jugend nur der Beginn eines Werks, das viel komplexer und auf der Suche nach mehr ist, als seine Ursprünge dies nahelegen.

Brittens Identifikation mit Aschenbach reichte außerdem über das Thema einer unangemessenen, potentiell erniedrigenden und letzten Endes unschuldigen Zuneigung oder Obsession hinaus. Das geht aus vielen Passagen der selbst-analysierenden oder selbstkritischen Rezitative Aschenbachs, die durch die ganze Oper hindurch immer wiederkehren, klar hervor, und ganz besonders aus dieser: «So zog es mich noch einmal nach Venedig, egregio Signor von Aschenbach; der Autor, dem es gelungen ist, Kunst und Ehrungen zu vereinen; dessen Stil in seiner erhabenen Reinheit offiziell anerkannt ist.» Hier spricht der durch den schieren Erfolg und öffentlichen Zuspruch des *War Requiem* ausgebrannte Komponist.

Aber ich möchte mich einem anderen Thema zuwenden, das ganz offensichtlich und unbestreitbar das Herzstück von Brittens *Death in Venice* bildet – der Tod, mit dem er sich in seiner Musik etwa 35 Jahre lang, von der *Sinfonia da Requiem* über die Donne-Sonette bis hin zum *War Requiem* auseinandersetzte. Der Titel des Werks, *Death in Venice*, spricht für sich selbst, aber während der Entstehung der Oper war der Tod für Britten sicherlich eine viel realere Präsenz, als er es für den 35 Jahre alten Thomas Mann gewesen sein musste, der die Novelle als exquisit ausgearbeitete Studie seiner Vorstellung vom Herbst des Lebens schrieb. Britten verschob eine lebensnotwendige, aber auch lebensbedrohliche (und langfristig doch nicht erfolgreiche) Herzoperation, um die Oper als letztes Geschenk für seinen Geliebten und Lebenspartner Peter Pears zu komponieren. Britten identifizierte sich vermutlich sehr stark mit Aschenbach, weil er sich selbst so sehr zur Jugend hingezogen fühlte und wegen seines eigenen schöpferischen Ringens. Aber der Tod ist in der Oper immer wieder beharrlich präsent, sogar noch stärker als in Manns Novelle, da die vielen unheimlichen Figuren, die Aschenbachs Gleichgewicht stören – der Fremde auf dem Friedhof, der mit Rouge geschminkte betrunkene alte Geck an Bord des Schiffes, der Gondoliere mit seiner sargschwarzen Gondel und so weiter –, alle durch einen einzigen Sänger-Schauspieler verkörpert werden und dadurch in einer fast mittelalterlichen Personifikation des Todes vereint sind, die mit Aschenbach einen Danse Macabre vollführt. Die

Klimax bildet Aschenbachs Traum im zweiten Akt, in dem die Baritonstimme als Dionysos und der Countertenor als Apollo um den Protagonisten kämpfen. Dionysos mit all seinen entscheidenden Epitheta – der Androgyne, der Verborgene, der Befreier –, aber auch als göttlicher Kommunikator zwischen den Lebenden und den Toten.

Bevor Aschenbach in der letzten Szene der Oper am Strand zusammenbricht und stirbt, bereitet der Hoteldirektor – vom Bariton gesungen – mit seinem Assistenten, dem Hotelportier, die Abreise der Gäste vor. In einem der schaurigsten und unheimlichsten Momente der ganzen Oper antwortet der Direktor auf die Frage des Portiers nach Aschenbach ohne Musikbegleitung: «Schweig still – wer kommt und geht ist meine Sache.» Plötzlich schließt sich die Kluft zwischen der zeitlosen Mythologie des Traumes, dem Tanz des Dionysos, und der Materialität des Grand Hotel des Bains im Venedig des 20. Jahrhunderts, und in einem verblüffenden Moment von epiphanischer Kraft sehen wir den Hoteldirektor in seiner ganzen Alltagsbanalität und salbungsvollen Aufgeblasenheit als Tod selbst.

Dieser Moment verstärkt sich einige Takte später noch. Eine Reihe unheilverkündender Bemerkungen gegenüber Aschenbach selbst rühren sachte an der Grenze zwischen der Hotelwelt und der Welt des Todes: «Signore, dies ist die Zeit des Abreisens», «unsere Arbeit ist fast getan». Aber dann lässt der Direktor die Maske fallen und singt jene Worte: «Kein Zweifel, auch der Signore wird uns bald verlassen? Wir alle müssen das hergeben, was uns am meisten gefällt.» (Tafel 4) Er singt das zu einem eingängigen Thema, das im Laufe der Oper immer wieder auftaucht und zum ersten Mal erklingt, als der Reisende vor dem Friedhof gleich zu Beginn gegenüber Aschenbach die Worte «Keine Schranken halten dich» äußert. Die quasi-realistische, psychologistische Oberfläche der Oper gleitet beiseite, um den Abgrund darunter freizugeben. Diese Überlagerung von Alltäglichem und Eschatologischem hat etwas überaus Bewegendes und letzten Endes höchst Reales an sich, etwas, worüber diejenigen, die einmal an der Grenze zwischen Leben und Tod standen, berichten können.

Auch wenn sich Britten, wie es für ihn typisch war, meist getreu an die Vorlage hielt, herrscht ein großer Unterschied zwischen der Wucht von Manns Erzählung und Brittens Oper. Britten komponierte drei Opern, die auf klassischen Novellen basieren, und in allen drei Fällen – Hermann Melvilles *Billy Budd*, Henry James' *The Turn of the Screw* und eben *Death in Venice* – bleiben die Originaltexte in den Proben entscheidende Leitlinien. Die dramaturgische Logik der Musik gründet sich, anders als das minimalistische Libretto, oft klar erkennbar auf den originalen literarischen Text. Luchino Viscontis gefeierter Film *Tod in Venedig* entstand um die Zeit, zu der Britten seine Oper in Angriff nahm (was zu allen möglichen Copyright-Problemen führte), und es existiert ein auffallender Kontrast zwischen Viscontis Abweichung von Manns Original – Aschenbach ist bei Visconti ein Komponist – und Brittens schöpferischer Beschäftigung mit dem Text.[23] Aber in seiner musikalischen und theatralischen Präsentation muss Britten Manns ironischen erzählerischen Rahmen – die Stimme des Erzählers, die Mann auf so komplexe Weise manipuliert – notwendigerweise aussparen. In der Oper gibt es keinen Platz für einen ironisierenden Erzähler. Stattdessen präsentiert Britten auf der Bühne einen Geist, eine Psyche, die sich in Aschenbachs rezitativischen Selbstgesprächen offenbart, einen Geist, dem wir dabei zusehen, wie er sich im Angesicht jener Freud'schen Zwillinge, Begehren und Tod, auflöst.

Death in Venice teilt sich in zwei Akte, durch die sich ein unheilvoller Klang zieht – im Orchester tief, mit Hörnern und Kontrabass, auf einem gehaltenen E und H.[24] Dieser begleitet Aschenbachs einsame und gequälte Liebeserklärung an Tadzio und wird über sie hinaus noch durch eine sehr lange Pause hindurch gehalten. Er erinnert stark an das Kontrabass-Dröhnen, mit dem Tschaikowskys Sinfonie «Pathétique» beginnt, und die Tonhöhen sind dieselben, E und H. Das gleiche Dröhnen leitet den zweiten Akt der Oper ein, der Aschenbach seinem unentrinnbaren Ende zuführt. Britten hatte die «Pathétique» schon einmal im letzten Satz eines früheren Werkes zitiert, in seinem Liederzyklus für Orchester und Tenor von 1958, der *Nocturne*. Die «Pathétique» ist bekanntermaßen ein Werk voll von Todesahnung und homosexueller Sehnsucht, dessen Uraufführung der Komponist nur neun Tage vor seinem Tod noch selbst dirigierte. Wie bei Aschenbach war Tschaikowskys Tod sehr wahrscheinlich auf eine Cholerainfektion zurückzuführen; aber es gab eine Menge Gerüchte, dass es ein Ehrensuizid war, der mit der Vernarrtheit des Komponisten in einen jugendlichen Knaben zu tun hatte.

𝄽

Es gibt zwei Möglichkeiten, dieses Buch mit Musik zu beschließen, aber ich bin unsicher, welches der beiden Stücke ich wählen soll. Beide sind Beispiele dafür, wie Musik dem Tod ruhig ins Angesicht blicken und zu einer Art Übereinkunft mit ihm gelangen kann; beide wurden von einem Mann geschrieben, der dem Tod ins Auge sah und für den der Tod durch sein gesamtes Leben als Komponist hindurch ein bedeutendes Thema war. Als Abgesang auf das Leben sind beide Stücke

Statements, wenn auch delphische, über die Identität ihres Komponisten; letzte Worte, aber Worte, die entschieden unbestimmt bleiben.

Ich könnte die Glocken des Schlusssatzes von Brittens letztem, seinem dritten Streichquartett wählen, dem finalen großen Stück, das er vor seinem Tod noch vollendete. Dieser letzte Satz trägt den Titel «La Serenissima», und Britten schrieb ihn in Venedig. Er beginnt mit einem Rezitativ, das fünf Zitate aus *Death in Venice* enthält, und endet mit einer Passacaglia, die auf einem Thema der Oper basiert. Die glockenartigen Klänge des Cellos in dieser abschließenden Passage greifen jene Glocken von John Donne wieder auf, ein Abschied vom Leben. Es sind die Glocken Venedigs, die Glocken, denen Britten auf einer Fotografie seiner letzten Reise in die Stadt im November 1975 lauscht – auf dem Balkon seines Zimmers im Hotel Danieli, dem ehemaligen Palazzo Dandolo, wo über drei Jahrhunderte zuvor Monteverdis *Combattimento* zur Uraufführung gelangte.

Aber ich möchte mit dem einige Jahre zuvor geschriebenen *Death in Venice* selbst schließen.

Diese Rolle habe ich in zwei verschiedenen Produktionen gesungen: der von Deborah Warner für die English National Opera 1997 (eine Produktion, die ich mit initiiert habe und in deren Konzeption ich stark eingebunden war) und der von Graham Vick für die Deutsche Oper 2019 (wo ich für die Wiederaufnahme einer bereits bestehenden Inszenierung engagiert wurde). Beide Herangehensweisen hätten unterschiedlicher nicht sein können, und das nicht nur, was die Kostüme und das Bühnenbild anging – Warners Produktion lehnte sich an die Entstehungszeit der literarischen Vorlage an, die von Vick hingegen war modern. Wie auch schon in ihrer Inszenierung

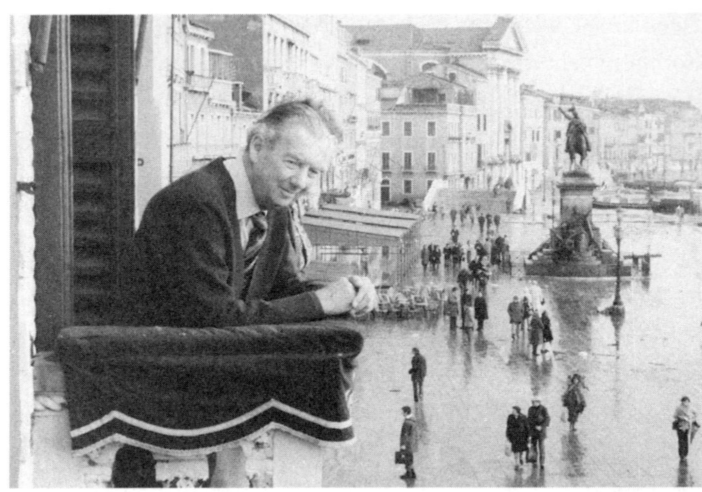

Benjamin Britten auf dem Balkon seines Zimmers im Hotel Danieli, Venedig, November 1975.

von *The Turn of the Screw* 1997, näherte sich Warner dem Stoff in ihrer Version subtil und vieldeutig: Die Sexualität stand nicht im Vordergrund. Der orgiastische bacchische Traum, der Aschenbachs finalem Abstieg in Schmach und Tod vorangeht, wurde als soziale Stigmatisierung inszeniert: Der schlafende Aschenbach windet sich vor den missbilligend auf ihn herabsehenden Gästen des Hotel des Bains in einem Alptraum aus Peinlichkeit. Im Verlauf der Oper erschlossen sich mir Manns Erzählung und Brittens Oper in ihrer ganzen Kraft sehr eindringlich als eine Parabel über Kreativität und Erniedrigung.

Vicks Produktion in Berlin machte Manns sexuelle Implikationen, projiziert durch Brittens Musikdrama, sehr viel expliziter. Knaben räkelten sich aufreizend am Strand, Aschenbach legte seine Hand auf die Brust einer Erdbeerverkäuferin; in der brillanten Szene der fahrenden Theatertruppe im zweiten Akt gab es derbe Anspielungen, in der Szene mit der Straßenhändlerin im ersten Akt explizite Aufforderungen zum Sex. Seit der Musikwissenschaftler Philip Brett auf Lesarten von Brittens Opern abhob, die seine Sexualität – als notwendige Befreiung[25] – in den Mittelpunkt stellten, drängte mitunter eine Betonung des Sexuellen in den Vordergrund. So wurden andere Aspekte, die Brittens Werk ausmachen, überdeckt, und man verkannte zudem die gewaltige expressive Kraft der Unterdrückung, welche der Musik Brittens in weiten Teilen ihre Intensität verleiht. Gleichzeitig kann man jedoch die Wucht der Sexualität, die in Brittens Werk von Anfang bis Ende präsent ist, nicht leugnen: Von der polymorphen Sinnlichkeit in *Les Illuminations*, Vertonungen von Rimbaud, durchdrungen von Sehnsucht, jedoch zugleich voller politischer Vorahnungen (das Werk wurde im September 1939 vollendet, als Polen den Nazis zum Opfer fiel), bis hin zur vibrierenden Erotik der dramatischen *Phaedra*-Kantate, eines der allerletzten Stücke, das im selben Jahr entstand wie das dritte Streichquartett – «I want your sword's spasmodic final inch» («Mich hungert nach dem zuckenden Stoß von deines Schwertes letztem Zoll»). Als ich durch Vicks Produktion, 12 Jahre nachdem ich die Rolle zum ersten Mal gesungen hatte, wieder zu dieser Oper zurückkehrte, erschien mir der Tod viel gegenwärtiger und näher. Vielleicht weil Eros, der Freud'sche Zwilling des Todes, auf unbequeme, irritierende, störende Weise ständig präsent war. Oder vielleicht weil ich nun altersmäßig näher bei Gustav Aschenbach als bei Thomas Mann war und wie Benjamin Britten durch eine Operation am offenen Herzen nur wenige Monate zuvor meine eigene Begegnung mit der Herzmedizin gehabt hatte. Einer meiner Ärzte war Assistent in dem Krankenhaus gewesen, in dem man Britten Anfang der 1970er behandelt hatte; er erinnerte sich, dass man im Zimmer des Komponisten ein Clavichord aufgestellt hatte.

𝄽

Aschenbach liegt tot oder stirbt in einem Liegestuhl am venezianischen Lido, während Tadzio – in der Oper eine stille, getanzte Rolle – zur geisterhaften Begleitung der flirrenden, aufsteigenden und fallenden Glockenspiel-Arpeggios, die über einer langsamen Trauermusik von Holzblasinstrumenten, Hörnern und Streichern erklingen, weit aufs Meer hinausgeht. Es ist ein Moment von erhabener Schönheit, in dem trotz all der Hoffnungslosigkeit der vorangegangenen Ereignisse, trotz des Geruchs von Tod und Karbol, der in der Luft hängt, eine ruhevolle Vision fortdauernden Lebens aufscheint, in der die Jungen den Alten nachfolgen.

Dank

Zuallererst möchte ich Randy Berlin und ihrem verstorbenen Mann Melvin dafür danken, dass sie in einer Zeit der Krise für die Geisteswissenschaften diese visionäre Vorlesungsreihe schufen.

Mein Dank geht auch an Anne W. Robertson, Sara Patterson, Berthold Hoeckner und Martha Feldmann von der University of Chicago.

Ich hatte das Glück, bei der University of Chicago Press mit meiner Lektorin Marta Tonegutti und mit Kristin Rawlings zusammenzuarbeiten und nützliche Ratschläge von zwei anonymen Lesern zu erhalten.

Danken möchte ich für ihre Hilfe und Inspiration verschiedenster Art, ohne eine besondere Reihenfolge: Manuel Cornejo, Catriona Seth, Deborah Warner, Netia Jones, Antonio Lysy, Alessio Bax, Lucille Chung, Christian Poltéra, Emmanuel Pahud, Ruby Philogene, Julius Drake, Fabio Biondi und dem Ensemble Europa Galante, Harry Bicket, Angelika Kirchschlager und The English Concert, Charles Miller, Caroline Woodfield, Graham Johnson und Nick Clark.

Aber vor allem gilt mein Dank Lucasta Miller, ohne die …

Anmerkungen

Motto

1 T. S. Eliot, *Vier Quartette. Four Quartets*, englisch und deutsch, übertragen und mit einem Nachwort versehen von Norbert Hummelt, Suhrkamp Verlag, Berlin 2015, S. 71.

2 In: Stuart Hall, *Ideologie, Identität, Repräsentation. Ausgewählte Schriften 4*, hg. von Juha Koivisto und Andreas Merkens, übers. von Victor Rego-Diaz, Argument Verlag, Hamburg 2004, S. 170 f.

Vorwort

1 Die Expressivität des Interpreten mag auch ein Angriff auf die Strawinskysche Ästhetik gewesen sein, was dieser 1935 typisch provozierend formulierte: «Denn ich bin der Ansicht, dass die Musik ihrem Wesen nach unfähig ist, irgendetwas ‹auszudrücken›, was es auch sein möge: ein Gefühl, eine Haltung, einen psychologischen Zustand, ein Naturphänomen oder was sonst. […] Der ‹Ausdruck› ist nie eine immanente Eigenschaft der Musik gewesen, und auf keine Weise ist ihre Daseinsberechtigung vom ‹Ausdruck› abhängig.»; Igor Stravinsky, *An Autobiography*, Calder and Boyars, London 1975, S. 53.

2 Heinrich Schenker, *The Art of Performance*, hg. von Heribert Esser, übers. von Irene Schreier Scott, Oxford University Press, Oxford 2000, S. 3.

3 Siehe vor allem Nicholas Cook, *Beyond the Score: Music as Performance*, Oxford University Press, New York 2014.

4 Alfred Brendel, «Musikalische Charaktere in Beethovens Klaviersonaten», in: *Über Musik. Sämtliche Essays und Reden*, Piper, München 2005, S. 101.

5 Edward T. Cone, *The Composer's Voice*, University of California Press, Berkeley 1974, S. 22/23.

6 Friedrich Nietzsche, *Menschliches, Allzumenschliches: Ein Buch für freie Geister*, Band 2, «Vermischte Meinungen und Sprüche», Abschnitt 171 (1879).

Verschwimmende Identitäten

1 Aus einer separaten Einleitung zum *Combattimento* im Continuo-Teil des achten Madrigalbuchs, veröffentlicht 1638.

2 Torquato Tasso, *Das Befreite Jerusalem*, übers. von Johann Diederich Gries, Weidmannsche Buchhandlung, Berlin 1855.

3 Wendy Heller, *Emblems of Eloquence: Opera and Women's Voices in Seventeenth-Century Venice*, University of California Press, Berkeley 2003.

4 Heller, S. 37.

5 James Aske's *Elisabeth Triumphans* (1588), zitiert von Winfried Schleiner, «‹Divine Virago›: Queen Elizabeth as an Amazon», *Studies in Philology* 75:2, Frühling 1978, S. 170.

6 Tassos Sicht der Gechlechterrollen sowohl in *La Gerusalemme Liberata* als auch in *Il discorso della virtù feminile e donnesca* werden diskutiert in Gerry Milligan *Moral Combat: Women, Gender and War in Italian Renaissance Literature*, University of Toronto Press, Toronto/Buffalo/London 2018, bes. S. 66 und 209.

7 Siehe Eric R. Durstelers faszinierendes Buch *Renegade Women: Gender, Identity and Boundaries in the Early Modern Mediterranean*, The John Hopkins University Press, Baltimore 2011.

8 Suzanne G. Cusick, «‹Indarno chiedi›: Clorinda and the interpretation of Monteverdi's *Combattimento*», in: *Word, Image, Song: Essays on Early Modern Italy*, hg. von Rebecca Cypess, Beth Lise Glixon und Nathan Link, University of Rochester Press, Rochester (NY) 2013, S. 136–138.

9 Zu dieser Kadenz und der Relevanz des Schauplatzes für die Bedeutungen des Stückes siehe Antonio Cascelli, «Place Performance and Identity in Monteverdi's *Combattimento di Tancredi e Clorinda*», in Cambridge Opera Journal 29:2 (2018), S. 177–186.

10 Charles Rosen, *The Romantic Generation*, Harvard University Press, Cambridge (MA), 1995, S. 115.

11 Kristina Muxfeldt, «*Frauenliebe und Leben*: Now and Then», *19th Century Music* 25, Nr. 1, Sommer 2001, S. 27–48.

12 Rufus Hallmark, *«Frauenliebe und Leben»: Chamisso's Poems and Schumann's Songs*, Cambridge University Press 2014.

13 Zu einer traditionellen Sichtweise der Persona in *Frauenliebe* siehe Edward T. Cone, *The Composer's Voice*, University of California Press, Berkeley 1974, S. 23: «... wir akzeptieren die Interpretation der *Dichterliebe* durch eine Frau, jedoch nicht die der *Frauenliebe* durch einen Mann – auch wenn wir es einem Mann gestatten würden, ein Narrativ zu singen, in dem die Stimme einer Frau zitiert wird. Der Sänger oder die Sängerin ist die tatsächliche, lebendige Verkörperung des Vokalprotagonisten – er

oder sie ist die Persona, die zur Person wird; und wir bestehen innerhalb des Bezugsrahmens unserer gewohnten Bühnenkonventionen auf einem Minimum an Übereinstimmung.»

14 Dietrich Fischer-Dieskau, *Robert Schumann: Das Vokalwerk*, dtv/Bärenreiter, München/Kassel/Basel/London 1985, S. 136.

15 Es war Baudelaire, der das verschwommene Geschlecht von Flauberts Heldin als erster analysierte: «Il ne restait plus à l'auteur, pour accomplir le tour de force dans son entier, que de se dépouiller (autant que possible) de son sexe et de se faire femme. Il en est résulté une merveille; c'est que, malgré tout son zèle de comédien, il n'a pas pu ne pas infuser un sang viril dans les veines de sa créature, et que madame Bovary, pour ce qu'il y a en elle de plus énergique et de plus ambitieux, et aussi de plus rêveur, madame Bovary est restée un homme. Comme la Pallas armée, sortie du cerveau de Zeus, ce bizarre androgyne a gardé toutes les séductions d'une âme virile dans un charmant corps féminin.» *Selected Critical Studies of Baudelaire*, hg. von Douglas Parmée, Cambridge University Press, Cambridge 1949, S. 73 f.

16 Zitiert in: Martin Demmler, *Schumanns Sinfonien. Ein musikalischer Werkführer*, C.H.Beck, München 2004, S. 30.

17 Robert an Clara, 9. September 1838.

18 Robert an Clara, 16. März 1839.

19 Robert an Clara, 13. Juni 1839.

20 Robert an Clara, 18. Mai 1839.

21 *Robert Schumann und Clara Schumann: Ehetagebücher 1840–1844*, hg. von Gerd Nauhaus und Ingrid Bodsch, Verlag Stroemfeld, Frankfurt und Stadtmuseum Bonn 2007.

22 Robert an Clara, Wien, 1. Dezember 1838.

23 Robert an Clara, November 1837.

24 Zitiert in: Kristina Muxfeldt, *Vanishing Sensibilities: Schubert, Beethoven, Schumann*, Oxford University Press, Oxford 2012, S. 97.

25 Siehe Ivan Hewett, «I understand how to be a woman», *Daily Telegraph*, 13. April 2006; außerdem Matthew Gurewitsch, «Why Shoudn't Men Sing Romantic Drivel, Too?», *New York Times*, 6. November 2005.

26 Lawrence Kramer weist darauf hin, dass die Aufführungskonventionen Mitte des 19. Jahrhunderts weniger bindend waren als jene, die sich seit dem späten 19. Jahrhundert herausbildeten: «Diese Starrheit ist symptomatisch für den sich beschleunigenden Aufschwung der Moderne, der durch die Aushebelung traditioneller Genderrollen eine permanente Sorge um diese provozierte. Die Moderne, die das 20. Jahrhundert hervorbrachte, wurde ständig von den Geistern entstellter Geschlechterrollen heimgesucht.»; siehe «Sexing Song: Brigitte Fassbaender's *Winterreise*», in *Word and Music Studies: Essays on Performativity and on Surveying the Field*

(Word and Music Studies, Volume 12), hg. von Walter Bernhart, Rodopi, Amsterdam 2011, S. 157.

27 Zitat aus: *The Noh Drama: Ten Plays from the Japanese*, C. E. Tuttle, Rutland (VT) Rutland 1955, das Britten und Plomer als Vorlage diente, zitiert in Mikiko Ishii, «The Weeping Mothers in *Sumidagawa*, *Curlew River* and Medieval European Religious Plays», *Comparative Drama* 39, Nr. 3/4 (Herbst/Winter 2005/06), S. 290; dt. in: Peter Weber-Schäfer, *24 No-Spiele*, ausgew. und aus dem Japanischen übertragen von Peter Weber-Schäfer, Insel Verlag, Frankfurt am Main 1986, S. 138.

28 *Britten on Music*, hg. von Paul Francis Kildea, Oxford University Press, Oxford 2003, S. 381/82.

29 Siehe die bahnbrechende Studie von Heather Wiebe, *Britten's Unquiet Pasts: Sound and Memory in Postwar Reconstruction*, Cambridge University Press, Cambridge 2012.

30 Wiebe.

31 *The English Auden: Poems, Essays, and Dramatic Writing, 1927–1939*, hg. von Edward Mendelson, Faber and Faber, London 1986, S. 341/42.

32 Humphrey Carpenter, *Benjamin Britten: A Biography*, Charles Scribner's Sons, New York 1992, S. 436.

33 Bretts einflussreiche Essays finden sich gesammelt in seinem Werk *Music and Sexuality in Britten: Selected Essays*, hg. von George E. Haggerty, University of California Press, Berkeley 2006.

34 Zitiert von Frank Episale in seinem Essay «Gender, Tradition, and Culture in Translation: Reading the ‹Onnagata› in English», *Asian Theatre Journal* 29, Nr. 1, Frühling 2012, S. 93, Hervorhebung des Autors.

Verborgene Geschichten

1 Walter Benjamin, «Über den Begriff der Geschichte», in: *Illuminationen. Ausgewählte Schriften I*, Suhrkamp, Frankfurt am Main 1974, S. 254.

2 Antonio Gramsci, *Gefängnishefte*, Bd. 6, Argument Verlag, Hamburg 1994, S. 1376; Original in: Gramsci, *Quaderni del carcere*, Bd. 2, hg. von Valentino Gerratana, Einaudi, Turin 1975, S. 1376: «L'inizio del elaborazione critica è la coscienza di quello che è realmente, cioè un ‹conosci te stesso› come prodotto del processo storico finora svoltosi che ha lasciato in te stesso un'infinità di tracce accolte senza beneficio d'inventario.»

3 Ralph P. Locke, *Musical Exotism: Images and Reflections*, Cambridge University Press, Cambridge 2009, und *Music and the Exotic from the Renaissance to Mozart*, Cambridge University Press, Cambridge 2015.

4 Solofo Randrianja und Stephen Ellis, *Madagaskar: A short History*, Hurst and Company, London 2009, S, 75; eine andere Betrachtungsweise findet

sich in Gwyn Campell, *An Economic History of Imperial Madagascar, 1750–1895: The Rise and Fall of an Island Empire*, Cambridge University Press, New York 2005.

5 Sonia E. Howe, *The Drama of Madagaskar*, Methuen, London 1938, S. 11, 15.

6 Howe, S. 28.

7 Howe, S. 32.

8 Étienne de Flacourt, *Histoire de la Grande Isle* Madagascar, Luyne, Paris 1658; Neuauflage, kommentiert, erweitert und präsentiert von Claude Allibert, Karthala, Paris 2007.

9 Sonia Howes *Drama of Madagaskar* bietet einen lesenswerten und detaillierten, wenn auch etwas veralteten Überblick über die gescheiterten Expeditionen. Für jüngere Studien siehe: Pier M. Larson, «Colonies Lost: God, Hunger and Conflict in Anosy (Madagaskar) bis 1674», *Comparative Studies of South Asia, Africa and the Middle East* 27, Nr. 2, (2007), S. 345–366; Denis Regnier und Dominique Somda, «Slavery and Post-Slavery in Madagascar: An Overview», in: Toyin Falola, Danielle Porter-Sanchez und R. Joseph Parrott (Hg.), *African Islands: Leading Edges of Empire and Globalisation*, University of Rochester Press, Rochester (NY) 2019, S. 345–369; Mike Parker Pearson, «Close Encounters of the Worst Kind: Malagasy Resistance and Colonial Disasters in Southern Madagaskar», *World Archaeology* 28, Nr. 3, (Februar 1997), S. 393–417; Siehe auch G. S. P. Freeman-Grenville, *The French at Kilwa Island: An Episode in 18th Century East African History*, Clarendon Press, Oxford 1965 zum Sieur Morice-Plan (1777) hinsichtlich eines «französischen Handelsimperiums ... das sich von den Maskarenen bis zur Suaheli-Küste und zur Küste Mosambiks erstrecken und in dem Madagaskar eine zentrale Rolle spielen würde» (Campbell, *Economic History*, S. 6). Die französische Regierung verwarf den Plan 1779.

10 Siehe die ausgezeichnete Onlineressource der Plantation Society auf https://www.portail-esclavage-reunion.fr/en/documentaires/plantation-society/historical-context/. Siehe auch Albert Jauze, «Malgaches et Africains à Bourbon: La Reeunion à l'époque de l'esclavage», *Hommes et Migrations*, Nr. 1275 (September/Oktober 2008), S. 150–57.

11 Thomas Piketty, *Kapital und Ideologie*, übers. von André Hansen, Enrico Heinemann, Stefan Lorenzer und Nastasja S. Dresler, C.H.Beck, München 2020, S. 277 f.

12 Plantation Society https://www.portail-esclavage-reunion.fr/en/documentaires/plantation-society/historical-context/.

13 Über Parny siehe Catriona Seths wegweisende Biographie *Évariste Parny (1753–1814): Créole, révolutionnaire, académicien*, Hermann, Paris 2014 und *Selected Poetry and Prose of Évariste Parny in English Translation with French Text*, hg. von Françoise Lionnet, übers. von Peter Low und Blake Smith, Modern Language Association of America, New York 2018.

14 Lionnet, S. 184.
15 Lionnet, S. 161.
16 Noro Rakotobe-d'Alberto, «L'univers culturel malgache dans les Chansons Madécasses d'Évariste Parny» in *Lumières et océan Indien: Bernadin de Saint Pierre, Évariste Parny, Antoine de Bertin*, hg. von C. Meure und G. Armand, Classiques Garnier, Paris 2017, S. 67–84.
17 Seth, *Évariste Parny (1753–1814)*, S. 81.
18 Lionnet, *Selected Poetry and Prose of Évariste Parny*, S. 165.
19 Lionnet, S. 165.
20 Zu einer heroischeren, weniger komplexen Sichtweise von Parnys Opposition gegenüber der Sklaverei siehe Edward D. Seeber, «Parny as an Opponent of Slavery», *Modern Language Notes* 49, Nr. 6 (Juni 1934), S. 360–66.
21 Étienne de Flacourt, *Histoire de la Grande Isle Madagascar*, Luyne, Paris 1658); Neue Ausgabe kommentiert, erweitert und mit einer Einleitung von Claude Allibet, Karthala, Paris 2007, S. 645.
22 [eigene Übersetzung].
23 «une sorte de lyricisme sanguinaire de la trahison rédemptrice», in: Jean-Michel Racault, «‹Méfiez-vous des blancs, habitants du rivage›: Anticolonialisme et intertextualité dans les *Chansons Madécasses* de Parny», in: *Apprendre à porter sa vue au loin: Hommage à Michèle Duchet*, hg. von Sylviane Albertan-Coppola, ENS, Lyon 2009, S. 306.
24 Frantz Fanon, *Die Verdammten dieser Erde*, übers. von Traugott König, Suhrkamp Verlag, Frankfurt am Main 1981, S. 30, 76 u. 78; Titel der französischen Originalausgabe: *Les damnés de la terre*, François Maspero, Paris 1961.
25 Im Austausch dagegen sicherten die Franzosen den Briten freie Hand in Sansibar zu, siehe Campbell, *Economic History*, 4.
26 Siehe Randrianja und Ellis, *Madagaskar*, S. 123–59.
27 Es herrschte einige Verwirrung über das Datum dieser Premiere. Nach sorgfältiger Durchsicht der zeitgenössischen Presseberichte hat Manuel Cornejo (Herausgeber von Maurice Ravel, *L'intégrale: Correspondance (1895–1937), écrits et entretiens*, Le Passeur, Paris 2018) die Aufführungsgeschichte der *Chansons Madécasses* zusammengetragen und herausgefunden, dass die Premiere am 25. Mai 1925 und nicht, wie einige Berichte behaupteten, im Oktober stattfand. Siehe *Paris-Midi*, 29. Mai 1925, https://dezede.org/sources/id/70735/.
28 Arthur Hoerée, «*Chanson madécasse*, par M. Ravel (Soirée Mrs Coolidge)», *La revue musicale* 6, Nr. 11 (Oktober 1925), S. 243/44; «L'oeuvre vocale» in «Hommage à Maurice Ravel», Sonderausgabe, *La revue musicale* 19, Nr. 187 (Dezember 1938), S. 102–09, 294–301. Über Ravel und das Exotische siehe auch Stephen Zank, *Irony and Sound: The music of Maurice Ravel*, University of Rochester Press, Rochester (NY) 2009 und Federico

Lazzaro, «Chansons madécasses, modernisme et érotisme: Pour une écoute de Ravel au-delà de l'exotisme», in: «Musique et exotisme en France au tournant du XXe siècle: Altérités recomposées», hg. von Sylvain Caron, Revue Musicale OIRCM 3, Nr. 1 (2016).

29 «A Visit with Maurice Ravel», *De Telegraaf*, 31. März (1931), S. 472–75.

30 Roland-Manuel, *Ravel*, übers. von Kurt Lamerdin, Akademische Verlagsgesellschaft Athenaion, Potsdam 1951, S. 99/100; frz. Originalausgabe: *Hommage à Maurice Ravel*, (*La revue musicale*, Paris 1938), engl. Ausgabe übers. von Cynthia Jolly als *Maurice Ravel*, D. Dobson, London 1947, S. 95/96.

31 [eigene Übersetzung].

32 Roland-Manuel, *Ravel*, übers. von Kurt Lamerdin, S. 100.

33 Manuel Rosenthal, *Ravel: Souvenirs de Manuel Rosenthal*, hg. von Marcel Marnat, Hazan, Paris 1995, S. 127.

34 Zitiert von Jane F. Fulcher in: *The Composer as Intellectual: Music and Ideology in France 1914–1940*, Oxford University Press, New York 2005, S. 67; Die Autorin und aus entgegengesetzter Perspektive ebenso Steven Huebner bieten die vollständigsten Schilderungen der politischen Haltung Ravels. Siehe Steven Huebner, «Ravel's Politics», *Musical Quarterly* 97, Nr. 1 (Frühling 2014), S. 66–97.

35 Fulcher, *The Composer as Intellectual*, S. 137.

36 David Drake, «The PCF, the Surrealists, Clarté and the Rif War», *French Cultural Studies* 17, Nr. 2 (2006), S. 173–88. Siehe auch David H. Slavin, «The French Left and the Rif War, 1924–25: Racism and the Limits of Internationalism», *Journal of Contemporary History* 26, Nr. 1 (Januar 1991), S. 5.32.

37 Zitiert in Jonathan G. Katz, «The 1907 Mauchamp Affair and the French Civilising Mission in Morrocco», *Journal of North African Studies* 6, Nr. 1 (2011), S. 145.

38 «... die Hingabe an Vergnügung und Wollust ...» Aus Parny, «Il est doux», drittes Lied aus Ravels *Chansons Madécasses*.

39 Fulcher, *The Composer as Intellectual*, S. 144.

40 Richard James diskutiert in einem wichtigen, aber nicht beweiskräftigen Artikel, inwieweit Ravel madegassische Vorbilder für seinen Zyklus heranzog: «Ravel's ‹Chansons Madécasses›: Ethnic Fantasy or Ethnic Borrowing?», *Musical Quarterly* 74, Nr. 3 (1990), S. 360–84.

41 Siehe Graham Johnson, *Poulenc: The Life in the Songs*, Liveright, New York 2020, S. 13/14.

42 Petrine Archer-Straw, *Negrophilia: Avant-Garde Paris and Black Culture in the 1920s*, Thames and Hudson, New York 2000, S. 58.

43 *The Oxford Dictionary of American Quotations*, hg. von Hugh Rawson und Margaret Miner, 2. Auflage, Oxford University Press, Oxford 2006, S. 567.

44 Archer-Straw, *Negrophilia*, S. 38. Siehe auch Andy Fry, *Paris Blues: African American Music and French Popular Culture, 1920–1960*, University of Chicago Press, Chicago 2014.

45 Telefongespräche und Email-Austausch mit Ruby Philogene. Zu den möglichen Ursprüngen von Ravels «Aoua» in Julien Tiersots exotisierender Beschreibung der Rufe madegassischer Besucher (Gefangene? Koloniale Exponate?) auf der Pariser Weltausstellung von 1889 in seinem Kapitel über afrikanische Musik in der *Encyclopédie de la musique et dictionnaire de conservatoire* (1922) siehe Stephen Zank, *Irony and Sound: The Music of Maurice Ravel*, University of Rochester Press, Rochester (NY) 2009, S. 207/8.

46 Karl Marx/Friedrich Engels, «Der achtzehnte Brumaire des Louis Bonaparte», *Werke*, Band 8, Dietz Verlag, Berlin 1972, S. 115.

«These fragments I have shored against my ruins»

1 «Diese Fragmente habe ich gegen meine Ruinen gestützt», aus: T. S. Eliot, *The Waste Land/Das öde Land*, englisch und deutsch, übersetzt von Norbert Hummelt, Suhrkamp, Berlin 2008.

2 Bernard Williams, «The Makropulos Case: Reflections on the Tedium of Immortality», in *Problems of the Self: Philosophical Papers 1956–1972*, Cambridge University Press 1973, S. 28–100.

3 «Die Weise noch einmal! – Sie starb so hin; …», aus: William Shakespeare, *Was Ihr wollt*, übers. von August Wilhelm Schlegel, 1. Akt, 1. Szene, Zeile 4.

4 George Steiner, *Real Presences*, University of Chicago Press, Chicago 1989, S. 226; dt.: *Von realer Gegenwart: Hat unser Sprechen Inhalt?*, übers. von Jörg Trobitius, Hanser Verlag, München/Wien 1990, S. 295. Vielleicht ist die Szene in J. M. Coetzees *Sommer des Lebens*, in der er seine Freundin überredet, mit ihm zum langsamen Satz des Streichquintetts Sex zu haben, ein komischer Vorwurf gegenüber einer solchen Lesart, zugleich aber deren Bestätigung: «… er hatte den speziellen Wunsch …, dass wir unsere Aktivitäten zur Musik ausführten … Nun, der fragliche langsame Satz mag ja sehr schön sein, doch ich fand ihn ganz und gar nicht erregend.»; *Sommer des Lebens*, übers. von Reinhild Böhnke, S. Fischer, Frankfurt 2010, S. 81, zuerst veröffentlicht 2009 und wieder abgedruckt in Coetzees *Scenes from Provincial Life*, London Harvill Secker 2011, S. 337.

5 Humphrey Carpenter, *Benjamin Britten: A Biography*, Faber and Faber. London 1992, S. 145–47; Paul Kildea, *Benjamin Britten: A Life in the Twentieth Century*, Allen Lane, London 2013, S. 160, 169–71.

6 Was den Bericht über Brittens Reise nach Deutschland angeht, beziehe ich

mich auf Kildea, *Benjamin Britten*, S. 253–57; Carpenter, *Benjamin Britten*, S. 226–28; Justin Vickers, «Benjamin Britten's Silent ‹Epilogue› to ‹The holy Sonnets of John Donne›», *Musical Times* 156, Nr. 1933 (Winter 2015), S. 17–30. Brittens Annäherung an Donnes Verse wurde durch seinen Freund W. H. Auden angeregt. 1941 komponierte er eine unvollendete Skizze für Stimme und Klavier von Donnes «Stay, O Sweet and Do Not Rise»; gegen Ende seines Lebens arrangierte er Pelham Humfreys im 17. Jahrhundert entstandene Vertonung von Donnes «Hymn to God the Father» neu.

7 «Death's Duell», in *The Works of John Donne*, John W. Parker, London 1839, Bd. 6, S. 279.

8 «Ben und ich haben kürzlich noch einmal Donne gelesen – jene wundervollen heiligen Sonette und vor allem die Hymne an Gott den Vater», Pears an Elisabeth Mayer, 13. Februar 1943; siehe *Letters from a Life: Selected Letters and Diaries of Benjamin Britten*, hg. von Donald Mitchell, Philip Reed, Rosamund Strode, Kathleen Mitchell und Judy Young, Faber, London 1991, Bd. 2, S. 1277.

9 *The Complete English Poems of John Donne*, hg. von C. A. Patrides, Dent, London 1985, Strophe 3, S. 490 [hier eigene Übersetzung].

10 John Carey, *John Donne: Life, Mind and Art*, Neuauflage, Faber and Faber, London 1990, S. 186. Eine von Donnes größten Ängsten war der Verlust der Identität, den der Tod mit sich bringt. In seiner Rede imaginiert er einen «privaten und zurückgezogenen Mann *(retir'd man)*, der dachte, er gehöre für immer sich selbst», der sich jedoch, wie Ramie Targoff es formuliert, «in der kollektiven Masse der Toten» verliert: «Dies ist die unrühmlichste und schmählichste Herabwürdigung, die tödlichste und endgültigste *Nullifikation* des Menschen, die wir überhaupt ermessen können … in diesem tödlichen Zu-Staub-und-Asche-Werden sehen wir nichts mehr, das wir des Menschen nennen könnten.» Siehe Ramie Targoff, «Facing Death», in: *The Cambridge Companion to John Donne*, hg. von Achsah Guibbory, Cambridge University Press, Cambridge 2006, S. 227–28.

11 *The Complete English Poems of John Donne*, hg. von C. A. Patrides, Dent, London 1985, S. 434.

12 Rolf Schilling, *Der Phoenix und die Taube. Englische Lyrik in deutscher Fassung*, Arnshaugk Verlag, Neustadt an der Orla 1991, S. 31.

13 Carey, *John Donne*, S. 185.

14 Zu diesem Epilog siehe die ausführliche Untersuchung von Vickers, «Benjamin Britten's silent ‹Epilogue›».

15 *Devotions upon Emergent Occasions, together with Death's Duell*, University of Michigan Press, Ann Arbor 1959, S. 109.

16 John Donne, Meditation XVII, *Devotions Upon Emergent Occasions*, London 1623; Erster Teil hier eigene Übersetzung, ab «Kein Mensch ist eine

Insel»: zitiert nach Michael Mertes, (Hg. und Übers.), *Schweig endlich still und lass mich lieben! Ein John Donne-Lesebuch*, Bonn 2017, S. 264–67.

17 [Hervorhebung des Autors].

18 Ich sang dieses Lied einmal mit dem Pianisten Julius Drake zu Beginn des zweiten Irakkrieges in Wigmore Hall als Zugabe, und nachdem ich geendet hatte, war es im Publikum so still, wie ich das nie zuvor erlebt habe.

19 *The Poems of Wilfred Owen*, hg. mit einem Vorwort von Edmund Blunden, Chatto and Windus. London 1955, S. 179.

20 Igor Stravinsky und Robert Craft, *Themes and Conclusions*, Faber and Faber, London 1972, S. 26/27.

21 Stravinsky und Craft.

22 Edward W. Said, *On Late Style*, Bloomsbury, London 2006.

23 Siehe T. J. Reed, *Death in Venice: Making and Unmaking a Master*, Twayne, New York 1994, S. 20 und Philip Kitcher, *Deaths in Venice: The Cases of Gustav von Aschenbach*, Columbia University Press, New York 2013, S. 102–7 und 109–12.

24 Das ist einer der seltenen Fälle, in denen das Gespür der Librettistin (Myfanwy Piper) für das, worauf der Komponist hinauswollte, stärker war, als dessen Gespür selbst. Da er mit der Länge der Oper und der Balance zwischen erstem und zweitem Akt nicht zufrieden war, hatte Britten vorgeschlagen, auf eine dreiaktige Struktur zurückzugreifen. In einem langen Brief «erörterte Mrs Piper von verschiedenen Standpunkten aus sorgfältig die relevanten dramaturgischen und praktischen Aspekte, und diese entscheidende Frage wurde erst gegen Ende des Jahres gelöst». Piper «argumentierte, dass der Liebeserklärung Aschenbachs an Tadzio am Ende des jetzigen Akt 1 eine graduelle Steigerung vorangehe, der in Akt 2 ein schneller Absturz … bis zum unvermeidlichen Ende folge». Nachdem er das Stück am Silvesterabend 1972 einmal ganz durchspielte, traf Britten die Entscheidung, bei einem Zweiakter zu bleiben und die Zäsur so zu setzen. Man kann sich hier des Gedankens nicht erwehren, dass die Entscheidung in der Musik bereits gefallen war, und dass Brittens schlechter Gesundheitszustand ihn in diesem wie auch in anderen Punkten rund um die Oper in seinen Entscheidungen lähmte, was für ihn eher untypisch war. *Letters from a Life: The Selected Letters of Benjamin Britten*, Bd. 6, 1966–1976, hg. von P. Reed und M. Cooke, Boydell Press, Woodbridge 2012, S. 534, 542.

25 Philip Brett, *Music and Sexuality in Britten*, University of California Press, Berkeley 2006, S. 156.

Bildnachweis

S. 39: Art Institute of Chicago, Frederick W. Gookin Collection
S. 45: Reg Wilson/Shutterstock
S. 48: © Maria Austria Institut. Freundlicherweise zur Verfügung gestellt von Britten Pears Arts (brittenpearsarts.org). Ref: PHPH/10/1/27.
S. 54: Lionel Pincus and Princess Firyal Map Division, The New York Public Library. Mit freundlicher Genehmigung der New York Public Library Digital Collections, https://digitalcollections.nypl.org/items/510d47e4-65cb-a3d9-e040-e00a18064a99.
S. 101: © National Portrait Gallery, London
S. 124: © William Servaes, 1975. Freundlicherweise zur Verfügung gestellt von Britten Pears Arts (brittenpearsarts.org). Ref: PH/4/531.

Tafelteil

Tafel 1: Öl auf Leinwand, 168,4 x 114,8 cm. The Museum of Fine Arts, Houston, The Samuel H. Kress Collection, 61.77; akg-images, Berlin
Tafel 2: Fotograf © Richard Termine, 2014
Tafel 3: Öl auf Leinwand, 124 x 202 cm. Kunsthistorisches Museum, Wien, Gemäldegalerie; akg-images, Berlin
Tafel 4: © Clive Barda / ArenaPAL

Personenregister

Abraham 113
Adès, Thomas 14
Alexander der Große 37
Archer-Straw, Petrine 86
Arundel, Countess of 59 f.
Arundel, Earl of 59
Aschenbach, Gustav von 117–122, 124, 125 f.
Auden, Wystan Hugh 44
Auguste (Sklavin) 66

Baker, Janet 55
Baker, Josephine 86
Baron Ochs auf Lerchenau 37
Bartók, Béla 76
Bathori, Jane 76
Baudelaire, Charles 68, 78
Beckett, Samuel 93
Beethoven, Ludwig van 14
Benjowski, Graf Moritz von 62, 72
Berkeley, Lennox 96
Bertin, Antoine 66 f.
Biondi, Fabio 27
Blum, Léon 80, 82 f.
Blunden, Edmund 114
Boosey, William 98
Brahms, Johannes 16
Brecht, Bertolt 41, 44, 51
Brendel, Alfred 14
Brett, Philip 46, 125
Britten, Benjamin 9, 11, 17, 19 f., 37–44, 46–51, 76, 96–100, 102–119, 121–126
Buonarroti, Michelangelo 100, 107
Byles, Edward 48

Caesar, Gaius Julius 37
Cage, John 92
Carey, John 102, 106
Carlyle, Joan 48
Carpenter, Humphrey 46
Cavaye, Ronald 49
Chagrin, Claude 49
Chamisso, Adelbert von 30 f.
Cherubino 37
Chung, Lucille 88
Clorinda 19, 21–28
Cone, Edward T. 15
Copland, Aaron 76
Cusick, Suzanne 27

Dalcroze, Émil Jaques 48
Demetrius 48
Diaghilew, Sergei Pawlowitsch 48 f.
Diderot, Denis 73
Donizetti, Gaetano 47
Donne, John 100–107, 108, 110–112, 119, 123
Droeshout, Martin 101
Dumas, Pierre Benoît 63, 64
Dyck, Anthonis van 59 f.

Eichendorff, Joseph von 32
Einstein, Albert 80
el-Krim, Abd 82
Eliot, Thomas Stearns 91
Elisabeth I., Königin von England 25
Ennosuke, Ichikawa II 49

Fanon, Frantz 73 f.
Fauré, Gabriel 97
Féderbe, Louis Laurent de, Comte de Mandave 61
Fischer-Dieskau, Dietrich 55
Flacourt, Étienne de 60 f., 71 f.
Flaubert, Gustave 32
Flaut 47, 48
Forges, Évariste Désiré de, Vicomte de Parny 56, 58, 60, 62, 63–69, 72–74, 76, 78 f., 82–84, 86–89
Forges de Parny, Valère de 66
Francesco IV. Gonzaga (Herzog von Mantua) 20
Freud, Sigmund 121
Fulcher, Jane 81, 83 f.

Gabler, Hedda 12
Galilei, Galileo 51
Gallieni, Joseph 75
Gambon, Michael 51
Gide, André 80, 83
Godebski, Cipa 80
Goerne, Matthias 36
Goethe, Johann Wolfgang von 94
Gramsci, Antonio 53 f., 55, 57
Grey, Madeleine 55

Hallmark, Rufus 30
Hawkes, Ralph 98
Helena 48
Heine, Heinrich 32
Hemingway, Ernest 108
Hemmings, David 118
Hensley, Thomas 48
Heller, Wendy 24
Herbert, Thomas Sir 59
Heyse, Paul 32
Hoerée, Arthur 77
Hofmannsthal, Hugo von 37
Homer 26

Isaac 113
Ito, Michio 48

James, Henry 46, 121
Janáček, Leoš 91 f.
Jefferson, Thomas 67
Jesus Christus 100
Jones, Netia 50
Joseph II., Kaiser der Heiligen Römischen Bücher 62

Keats, John 10
Kildea, Paul 96

Lasker-Wallfisch, Anita 99
Léda (Sklavin) 66
Locke, Ralph 57

Macbeth, Lady 12
Mahler, Gustav 97
Mann, Thomas 31, 117 f., 119, 121, 124 f.
Mariandl 37
Marinella, Lucrezia 25
Marx, Karl 88
Melville, Herman 121
Menuhin, Yehudi 98
Miles 118
Mocenigo (Familie) 21
Mörike, Eduard 32
Monson, Sir William
Monteverdi, Claudio 9, 11, 14, 19, 20–24, 26–28, 37, 123

Moore, Gerald 98
More, Anne 105, 107
Moreau, Léon 76 f., 81
Motomasa, Jūrō 40
Moulié, Charles *siehe* Sandre
Mozart, Wolfgang Amadeus 14, 37, 97
Mussard, Barbe 64
Mussard, François 64
Muxfeld, Kristina 30

Nahandove 69
Nietzsche, Friedrich 17
Norman, Jessye 55

Obey, André 42
Ormoy, Marcel 85
Owen, Wilfred 112 f., 114 f.

Pahud, Emmanuel 88
Painlevé, Paul 83
Parny, Évariste de 56, 58, 60, 62, 63–69, 72–74, 76, 78 f., 82–84, 86–89
Parny, Paul 64
Parny, Pierre 64
Pears, Peter 38 f., 45–48, 99 f., 102, 119
Penthesilea 26
Pétain, Philippe 82
Philogene, Ruby 87 f.
Piketty, Thomas 63
Plessis, Armand-Jean du, duc de Richelieu 60
Plomer, William 40, 43
Poltéra, Christian 88
Poulenc, Francis 84–86
Pound, Ezra 41, 48
Prokofiev, Sergei Sergejewitsch 76
Pronis, Jacques 60
Prouille, Marcel *siehe* Ormoy
Purcell, Henry 98
Puschkin, Alexander 68
Pyramus 46

Racault, Jean-Michel 73
Radama der Große 75
Ranavalona III., Königin von Madagaskar 75
Ravel, Maurice 11, 17 f., 53–58, 68 f., 76–81, 83–88
Raynal, Guillaume Thomas François (Abbé Raynal) 73
Respighi, Ottorino 76
Rice, Archie 12
Rimbaud, Arthur 46, 125
Rofrano, Octavian Graf 37
Roland-Manuel (Roland Alexis Manuel Lévy) 77 f.
Rosen, Charles 29, 31
Rosenthal, Manuel 79 f.
Rostropowitsch, Mstislaw 117
Ruprecht von der Pfalz, Prinz 59

Said, Edward 118
Sandre, Thierry 85
Schenker, Heinrich 13
Schnauz 48
Schönberg, Arnold 76
Schubert, Franz 13, 16, 28, 30, 53, 93–95
Schumann, Robert 11, 16, 17, 19, 28 f., 31–35, 53
Shakespeare, William 21, 36, 37, 46 f., 92
Soutar, William 114
Souzay, Gérard 55
Sprague Coolidge, Elizabeth 76, 78
Steiner, George 95
Stockhausen, Julius 36
Storm, Theodor 32
Strauss, Richard 37

Strawinsky, Igor 12, 13, 15, 76, 116
Stuart, Elisabeth, Königin von Böhmen 59
Sutherland, Joan 47

Tadzio 117, 122, 126
Tancredi 19, 21–24, 26 f.
Tasso, Torquato 21–24, 25–27
Thisbe 47, 48
Thornton, Samuel 54
Tintoretto, Jacopo 24
Tschaikowsky, Peter Iljitsch 122

Verdi, Giuseppe 97
Vick, Graham 123–125
Visconti, Luchino 121
Voltaire (François-Marie Arouet) 61

Waley, Arthur 41
Warner, Deborah 123 f.
Webern, Anton 76
Weill, Kurt 41
Werdenberg, Maria Theresia Fürstin 37
Wieck, Clara (verh. Schumann) 32–36
Wieck, Friedrich 32
Williams, Bernard 91 f.
Williams, Roderick 36
Wolf, Hugo 16

Yeats, William Butler 41
Yusuf (Sultan) 81

Zette (Sklavin) 66
Zweig, Stefan 80